FRANZ KAFKA

LA MURALLA CHINA

•FONTANA•

FRANZ KAFKA

LA MURALLA CHINA

TRADUCCIÓN:
ALBERTO LAURENT

PRÓLOGO Y PRESENTACIÓN:
FRANCESC LL. CARDONA,
Doctor en Historia y Catedrático

LA MURALLA CHINA, Franz Kafka

Prólogo / Presentación: Francesc Lluis Cardona
Traducción: Alberto Laurent
Diseño gráfico / Ilustración portada: Daniel Jurado

Edita: Olmak Trade S.L.
C/ Roca Plana 1
08110 - Montcada i Reixac
Barcelona (España)

www.olmaktrade.com
info@olmaktrade.com

@O_BookTrade
#ClásicosFontana

Impreso en España / Printed in Spain

I.S.B.N: 978-84-10109-41-4
Depósito Legal: B 10075-2024

Estudio preliminar

Franz Kafka: el hombre y su mundo

Franz Kafka nació el 3 de julio de 1883 en Praga. Su padre, Hermann Kafka (1852-1931), se había casado el año anterior con Julie Löwy (1856-1934), hija de un judío que había conseguido acumular una considerable fortuna gracias a una fábrica de cerveza.

Hermann Kafka, por su parte, también era hijo de un judío, pero había tenido menos suerte que su consuegro. Originario del pequeño pueblo de Wossek (sur de Bohemia), se había trasladado a vivir al miserable gueto judío de Josefstadt de Praga poco después de alcanzar la adolescencia. No tenía dinero para más. Conoció a Julie, instruida, bonita y elegante y, que además, por su posición, podía vivir fuera del gueto.

Después de casarse, en 1882, Hermann Kafka abrió una pequeña tienda de artículos de fantasía gracias a la ayuda financiera de su suegro. Empezaba a ver cumplido su sueño de amasar fortuna, pues tuvo mucha más suerte que su padre, el carnicero Jakob, y lo consiguió.

El joven matrimonio se instaló en una calle lindante al gueto, en la calle Maisel. La vivienda era modesta, pero a Hermann debió parecerle lujosísima. En aquella casa nació Franz Kafka. Poco después la familia se trasladó a una casa más amplia no lejos de allí, en Wenzelplatz. Nació un nuevo hijo, Georg, pero moriría quince meses después.

Para prosperar, Hermann se inclinó a los checos de origen alemán que ocupaban la cima de la pirámide local, además se desentendió en gran manera del judaísmo. Todo ello repercutiría en el pequeño Franz. Era judío, pero sin que la religión se practicara más de lo necesario. La lengua materna era la alemana, mientras que la paterna era la checa. Así, si nuestro novelista no fue decididamente judío, tampoco lo fue checo ni alemán puro.

A medida que el negocio prosperaba, los padres de Franz fueron cambiando varias veces de domicilio, alejándose cada vez más del gueto. Sin embargo, el pequeño Kafka se encontraba bastante desplazado con los cambios continuos de residencia, pues apenas tenía tiempo de realizar firmes amistades.

Franz sufrió la pérdida de otro hermanito a los pocos meses de nacer éste, sin que entendiera mucho estas muertes. Los padres de Kafka abrieron finalmente una mercería y poco después encontraron una vivienda digna en la calle del Círculo. Entonces nacieron las hermanas de Franz, en 1889 Elli, en 1890 Valli y en 1892 Ottla.

La primera maestra de Franz fue una gobernanta suiza, la señorita Bailly, venida de Neuchätel, a semejanza de lo que hacían las familias acomodadas de Praga. En otoño de 1889 comenzó a acudir a la Escuela primaria situada junto al Mercado de la carne, a la que concurrían los hijos de la población alemana de origen judío.

Tímido y discreto, trataba de pasar siempre desapercibido. No se comprometió ni con sus compañeros alemanes, ni con los alumnos de la escuela checa de enfrente, que atacaban a los alemanes a la salida de las clases. No tomó partido por nadie, ni por los judíos. Regresaba a casa desconcertado, y así comenzó a encerrarse en sí mismo, pues el sitio más seguro que encontró fue su propio mundo interior.

El joven Kafka inició sus estudios de enseñanza media en el Instituto de bachillerato de humanidades de lengua alemana de Praga-Altstadt. Esta tarea le absorbió de 1893 a 1901. Alumno bastante aplicado, destacó en especial en geografía y mostró muy poca afición por las matemáticas. Aunque se aplicó en el estudio del alemán y fue ésta su lengua principal, también habló checo, al igual que sus padres. Por aquel entonces el problema lingüístico se radicalizó en el país, como foco básico del problema nacional.

Tras la implantación oficial del bilingüismo por el primer ministro Badeni, en Bohemia y Moravia, estalla una crisis. Los nacionalistas alemanes paralizaron a partir de 1897 el funcionamiento del Consejo del Imperio austro-húngaro y organizaron un movimiento de unión con Alemania que quedó reflejado en el Programa Nacionalista de Pentecostés (1899). Ante el agravamiento de la situación, las autoridades de Viena derogaron el decreto del bilingüismo.

Una vez concluidos sus estudios secundarios y tras unos tímidos estudios de química, inició a partir de 1901 los de Derecho en la Universidad Alemana de Praga, después estudiará también Germanística e Historia del Arte. Allí trabó amistad con Oskar Pollak, joven inteligente que llegaría a ser historiador del arte, muriendo en la guerra de 1914-1918. La amistad entre los dos se refleja en las cartas que Franz escribió a Oskar entre 1902 y 1904, que en un estilo recargado, casi afectado, presentan a un adolescente inquieto, pero abierto a la amistad y realmente apasionado, vivo y vibrante.

En 1902 pasó las vacaciones en Liboch y Triesch, en casa de su tío, el doctor Siegfried Lowy, médico rural. Conoció a Max Brod en una conferencia que éste ofreció sobre Schopenhauer. Brod sería siempre un ardiente propagandista de la obra kafkiana, le instaría continuamente a publicar sus escritos inéditos y se encargaría a su muerte de completar su edición. Sería también su biógrafo oficial. Por aquel entonces sabemos que trabajaba en la novela El niño y la ciudad, obra desgraciadamente perdida.

Entre 1904-1905 pasó las vacaciones en Zuckmantel, realizó tertulias regulares con Marx Brod, Oskar Baum, Felix Weltsch... preparó el relato Descripción de una lucha y tuvo unos primeros amoríos con una mujer desconocida, si bien según propia confesión "sería una de las dos únicas mujeres con las que tuvo una verdadera intimidad".

Se doctoró en derecho, en junio de 1906, en la Universidad de Praga, junto con Alfred Weber. Trabajó durante algunos meses en el bufete jurídico de su tío Richard Lowy y después realizó un año de internado en Tribunales.

Tras dar los últimos toques a Preparativos de una boda en el campo, en octubre de 1907 ingresó en la compañía de seguros Assicurazioni Generali. Sus muchas horas de trabajo le interrumpen su vocación de escritor, cosa que le produce una gran angustia.

El sufragio universal confirmó la mayoría eslava dentro del imperio austro-húngaro, la ingobernabilidad fue manifiesta al enfrentarse 233 votos germanos a los 265 eslavos fraccionados en muchos grupos.

Hacia 1908, encontró en Praga un trabajo de media jornada en el organismo seminacionalizado de la Compañía de Seguros de Accidentes Laborales del Reino de Bohemia, donde trabajará hasta dos años antes de su muerte. Infatigable en el trabajo y dándose cuenta sus jefes de su valía, le trataron con benevolencia. Pese a ello dispuso de escasas horas por la tarde para su gran pasión y agotó su débil salud escribiendo de noche.

Los Diarios que llevaba puntualmente revelan su constante obsesión de un empleo racional del tiempo que le permitiese escribir en condiciones más favorables, sin perjudicar demasiado sus actividades profesionales. No obstante, la doble vida le resultará agotadora y le angustiará su incapacidad para resolver el dilema de "ganarse la vida o vivirla".

Y así empezó a padecer de surmenage, insomnio, agotamiento nervioso, y las torturas morales, consecuencia de un estado de cosas para las que Kafka sólo hallará finalmente una salida en la enfermedad, aunque muy poco tuviera que ver con su abatimiento moral (si bien la tuberculosis era casi irreversible entonces, busca siempre los organismos más débiles). La salida era pues inevitable, lo que no quiere decir que nuestro escritor no se revelara en vano contra la pérdida de su tiempo y sus energías.

En 1908 publicó ocho textos en prosa en la revista Hyperion. Pasó sus vacaciones en Riva y Brescia junto con Max y Otto Brod. Redactó "Los aeroplanos de Brescia" (1909). Se relacionó entonces con círculos anarquistas, aunque nunca participó en ninguna lucha política. El país pasó a gobernarse por decretos imperiales.

Fue en 1910 cuando inició los cuadernos "en cuarto", que constituyen sus diarios. Los estuvo llevando durante trece años y si él les concedió una enorme importancia, para nosotros es capital en la reconstrucción de su biografía. Miembro del círculo de intelectuales, publicó en Bohemia cinco artículos en prosa. Inició entonces sus contactos con el teatro yiddish (lengua primitiva de los judíos refugiados en la Europa Central, como lo es el sefardí con respecto a los judíos de origen español expulsados por los Reyes Católicos en 1492) y se aproximó a los orígenes históricos del judaísmo.

Visitó por cuestiones de trabajo Reichenberg y Friedland. Por aquel entonces frecuentaba los cabarets, las salas de fiestas, los cafés literarios de Praga. Iba asiduamente a la piscina, nadaba, remaba y andaba mucho. Aunque todavía estaba sano, su salud ya le daba preocupaciones que intentaba superar con diversas prácticas higiénicas y ascéticas: se hizo vegetariano, no bebía, no fumaba, dormía en un cuarto frío en invierno, dejó de llevar abrigo, se bañaba en los ríos helados y pasaba parte de sus vacaciones en colonias naturistas.

Pasó el verano en Zúrich (1911), Lugano y Milán. Viaja de vacaciones con Max Brod. Después estuvo una semana solo en el sanatorio naturista Fellenberg, en Erlenbach, próximo a Zúrich. En octubre empezó a frecuentar con cierta regularidad el café-restaurante Savoy y se relacionó con los componentes de una compañía teatral judía yiddish y en especial con Jizchak Löwy, su director.

Entre 1911 y 1912 empezó a trabajar en América. En febrero dio una conferencia sobre la lengua yiddish. En marzo se vio obligado, contra su voluntad, a ocuparse de un establecimiento industrial propiedad de su cuñado (esposo de su hermana mayor) y en la que, tanto él como su padre, tenían intereses. Este aumento de trabajo acrecentó su desasosiego.

En el verano viajó a Weimar con Max Brod. Después volvió a pasar un período solo en la colonia-balneario naturalista Just's Jungborn. Por entonces preparó Contemplación, antología que publicaría en diciembre de 1912, pero antes, los editores Ernest Rowohlt y Kurt Wolff desean conocerle personalmente.

La noche del 13 de agosto de 1912 encontró por primera vez a Felice Bauer en casa de los padres de Max Brod. Vivía en Berlín, tenía veinticinco años y era directora de la empresa Lindstrom, fabricante del Parlograph, un rival del dictáfono. En septiembre escribió *La condena* y después *El fogonero*, que luego convertiría en el primer capítulo de *América*. Después acometerá su famoso *Metamorfosis*.

Durante 1913 continúa su labor en *América o El desaparecido*, y tras una intensa correspondencia plagada de anhelos y frustraciones decidió visitar en Berlín a Felice Bauer por Pascuas. En aquella primavera salieron a la luz *La condena* y *El fogonero*. En setiembre viajó a Viena, Venecia y Riva, en donde mantuvo un episodio amoroso con una muchacha suiza. Se produce la disolución de la Dieta de Bohemia.

En noviembre de 1913 se produce el encuentro con Grete Bloch, amiga de Felice Bauer, y también se cartea con ella. Si hay que prestar crédito a documentos recientemente encontrados, tuvo un hijo de Kafka, cuya existencia nunca reveló. Se supone que ella sola educó a ese hijo, cuya identidad ignoró todo el mundo y que falleció a los siete años de edad. Grete, que se refugió en Italia durante la guerra, antes de salir hacia Israel, murió a manos de los nazis en mayo de 1944.

Las Pascuas de 1914 las pasa en Berlín, donde se compromete por primera vez con Felice Bauer, pero en julio rompe ese compromiso, cosa que realizará una y otra vez… Conoció a Ernest Weiss, poeta y dramaturgo, cuya obra admiró sinceramente, y con él viajó al mar Báltico, ya que su amistad con Max Brod se había enfriado un tanto. Escribió En la colonia penitenciaria y comenzó otra de sus obras más famosas: *El Proceso*, así como el último capítulo de *América*.

El 28 de junio de 1914 muere en Sarajevo el archiduque Francisco Fernando, heredero del trono austrohúngaro, y su esposa, víctimas de un atentado obra de un estudiante serbio-bosnio miembro de la organización secreta Unidad y Muerte. Austria lanza un ultimátum a Serbia, a la que responsabiliza de los hechos, exigiendo que se permita participar a la policía austríaca en la investigación del atentado. Serbia se opone rotundamente a tal intervención y decreta la movilización parcial de sus tropas. Los acontecimientos se precipitan y se inicia la Primera Guerra Mundial.

Kafka recibió en 1915 el premio Fontane por *El fogonero* y se encontró varias veces en Baldenbach con Felice, pero sus relaciones estables eran imposibles: ella exigía una vida "normal" en un apartamento confortable, alimentación suficiente, descanso a partir de las once... él todo lo cifraba en su trabajo de escritor y sus extravagancias de una vida bohemia... Kafka se mudó entonces de domicilio varias veces y viajó a Hungría con su hermana Elli. En noviembre de 1915 publicó *La metamorfosis*.

En el frente bélico se produjo la ofensiva austrogermana desde el Báltico que provocó la conquista de Varsovia. Sin embargo, el avance se inmovilizó en la Galitzia Oriental y en otros sectores, a semejanza de lo que había sucedido en el frente Occidental. Entonces el zar Nicolás II asumió el mando supremo del ejército ruso.

Franz fue en 1916, con sus tantas veces prometida Felice, al famoso balneario de Marienbad. Durante aquel verano volvió a los pros y contras de su matrimonio. Escribió los cuentos recopilados en *Un médico rural*. En el mes de noviembre dio una conferencia en Munich, leyendo fragmentos de sus obras, así como varios poemas de Max Brod. Después marchó a vivir a la calle Alchemist de Praga.

En julio de 1917 vuelve a comprometerse con Felice a través de la ceremonia de "segundos esponsales", pero casi inmediatamente se produjo una nueva ruptura. Poco antes había terminado la redacción de "La construcción de la muralla china". En agosto de 1917 sufrió su primera hemotisis. Se negó a ingresar en un sanatorio una vez diagnosticada la enfermedad y obtuvo un permiso de tres meses para vivir en casa de su hermana Ottla, administradora de una explotación agrícola en Zürau.

Allí pudo leer a sus anchas a Kierkegaard, el gran autor danés "padre del concepto de la angustia", la Biblia, así como terminar sus estudios de hebreo y escribir sus *Aforismos*, cuadernos "en ocho" que llevó paralelamente con los *Diarios*. Esta vida rural fascinante para él la describiría en *El castillo*, que comenzaría unos años más tarde.

Nueva visita de Felice el 21 de septiembre; el 1 de octubre le enviará quizá la última carta. En diciembre se produciría el rompimiento definitivo después de un encuentro en Praga. Felice Bauer se casó un año más tarde. Había, al fin, hallado la felicidad según sus gustos y preferencias.

Mientras tanto se había convocado un nuevo parlamento austrohúngaro, así como había fracasado el intento de conciliación ante las aspiraciones de autonomía de los checos y los eslavos meridionales. El 7 de diciembre los EE. UU., que ya habían declarado la guerra a Alemania, la hicieron extensiva a Austria-Hungría. Se suceden la Revolución de febrero en San Petersburgo, el zar Nicolás II abdica. Después de la Revolución de octubre de Petrogado, Kerenski huye, cae el gobierno provisional. El consejero de Comisarios del Pueblo se constituye en órgano de gobierno.

Hasta junio de 1918 Kafka permaneció en Zürau. Viajó también a Praga y Turnau. Escribió un proyecto de sociedad ascética: "Una sociedad de trabajadores pobres". En Rusia se proclama la república democrática federal marxista-leninista. En noviembre abdica Guillermo II y da paso a la república alemana. El grupo espartaquista propugna la dictadura del proletario, pero la revolución proletaria será aplastada. Alemania firma el armisticio el 11 de noviembre. Tras los fracasos del frente, Austria acepta también el Armisticio. Después de la revolución de Viena se produce la disolución de la monarquía austro-húngara. Checoslovaquia se proclama independiente.

En 1919 Kafka publicará En la colonia penitenciaria. Estando en Schelense conoció a Julie Wohryzek, hija de un custodio de sinagoga, pero el idilio duró unos pocos meses.* En noviembre escribió *Carta al padre*. A partir de aquel fin de año se agravaría por momentos la enfermedad de nuestro escritor y proliferó su estancia en varios sanatorios y residencias.

Después de una cura en Meran (1920) dio comienzo a la correspondencia con Milena Jesenská, traductora checoslovaca, espíritu apasionado y de gran talento. Esta correspondencia fue señalando etapas de un nuevo amor torturado, tanto por el propio Kafka como por los obstáculos externos, pues Milena se hallaba unida por unos vínculos muy singulares a un esposo que no hacía de ella mucho caso.** Publica *Un médico rural*.

---

* La causa final sería sus "relaciones" con Milena.

** Milena era una mujer cultivada y lúcida, de pasiones ardientes, femi-

Hacia el invierno el estado de salud de Kafka sufrió una recaída y tras resistirse mucho consintió en acudir a un sanatorio. El final del año lo pasó así en los montes Tatra, en el sanatorio Matliary, de Eslovaquia, donde trabó amistad con Robert Klopstock, joven estudiante de medicina, tísico como él, que abandonaría sus estudios para cuidar de Kafka.

Después de permanecer en el sanatorio de los montes Tatra, a mediados de 1921, Kafka volvió a Praga y el 15 de octubre escribió en sus *Diarios* que le había dado aproximadamente una semana atrás todos sus cuadernos a Milena.

A fines de 1921 o comienzos de 1922 inicia la redacción de *El Castillo*. Nuevamente viajó a Praga. En mayo se produjo el último encuentro con Milena, a continuación permaneció en Planá con su hermana Ottla... y otra vez en Praga. Durante el verano escribió Investigaciones de un perro.

Viajó primero a Praga y luego, en julio de 1923, a Müritz, con su hermana Elli. Unos meses más tarde le envió una carta a Milena, que era como su despedida y, le hablaba de haber encontrado en la colonia de vacaciones de un hogar judío de Berlín, una ayuda prodigiosa: era Dora Diamant.

De unos veinte años de edad, Dora procedía de una familia judío-polaca. Al convertirse en compañera de Kafka, le dará a los últimos meses de su existencia la paz y felicidad que nunca tuvo. Escribe *Una mujercita* y *La*

---

nista y emancipada que escandalizaba a la hipócrita sociedad checa de su tiempo; esa mujer atractiva y autorrealizada, como salida de una novela romántica en pleno siglo XX, parecía una digna descendiente de las hermanas Brontë.

madriguera. Hacia fines de setiembre vive en Berlín con Dora. Envía al editor los relatos reunidos en Un artista del hambre.

En 1924 redacta "Josefina la cantora". Su enfermedad se agrava y de Berlín debe trasladarse a Praga y después a diversos sanatorios y clínicas, hasta que el 3 de junio de 1924 morirá en el sanatorio de Kierling, cerca de Viena; le acompañaba Dora Diamant y Robert Klopstock. Semanas antes, cuando ya padecía grandes dolores laríngeos y apenas podía comer ni beber, le pidió al padre de Dora su consentimiento para legalizar su situación: éste le contestó con un rotundo y escueto no.

Fue enterrado en el cementerio judío de Praga-Straschnitz, en la misma tumba de sus padres (su padre fallecería en 1931 y su madre en 1934).

Trascendencia posterior de la obra de Franz Kafka

Cuando murió, Franz Kafka era sólo conocido por un pequeño círculo de intelectuales. Su fama póstuma se debió exclusivamente a que su amigo Max Brod contravino sus órdenes: destruir los manuscritos inéditos y no volver a editar los ya publicados. Max se apresuró a hacer exactamente todo lo contrario: se lanzó a editar su obra y a propagarla el máximo posible hasta hacerla famosa.

Desde aquel martes 3 de junio de 1924 en que nuestro autor "se liberará" del mundo de los vivos, muchas han sido las interpretaciones posibles de sus obras: unos han querido ver en ellas el arquetipo del hombre en lucha contra un sistema, otros lo quisieron ver como un fiel reflejo de su compleja enfermedad, tanto física como psicológica… o en las relaciones con su padre; todos ellos, al considerarlas "novelas en clave", buscan motivaciones religiosas, ontológicas, sociales o mitológicas.

Es innegable que en la obra de Kafka hay un condimento religioso, no cabe duda que su sentimiento de la existencia posee ciertas analogías con el pensamiento de Kierkegaard, pero su obra no puede reducirse a ser función de estas tesis o de otras. Una novela no es una idea abstracta oscurecida con metáforas, es un mito revelador, nos arroja una nueva visión del mundo, una nueva forma de sentir lo maravilloso y lo cotidiano.

Kafka no es ni un desesperado, ni un revolucionario, es un testimonio iluminador. Su obra es una lucha sin esperanzas. Su única salida es penetrar en la muerte, abandonando así su particularidad. La muerte como "retorno al padre en el Gran día de reconciliación". Él, que pudo a su vez ser "padre" por medio del matrimonio, no aceptó serlo, porque de alguna manera no podía ser "un nuevo origen de generaciones".

Toda su obra es una clara búsqueda de hallar un sentido a la vida, una vida en la que era "más extranjero que un extranjero". Un miembro del gueto judío de Praga, obligado a expresarse en alemán, enfermo —lo que lo marginaba de la vida—, judío aislado de su comunidad, pero que siente nostalgia por ella y sólo tiene el silencio por respuesta.

Kafka desesperado, solitario y angustiado aspira a la normalidad con todas sus fuerzas. Su obra y su vida inextricablemente ligadas son un canto desesperado de amor y temor, de rebelión ante nuestras concepciones alienantes de la sociedad, religión, política… Dentro del universo kafkiano surge un solo personaje intercesor entre el poder (¿Dios quizá?) y el mundo: la mujer, a la que se aferra con todas sus fuerzas, a pesar de que llegue a traicionarle. La mujer concebida como diosa-madre y amante en una pieza.

Así Kafka se nos presenta como una especie de Mesías negativo que revela el desorden íntimo y absurdo del mundo, ni optimista ni pesimista sino ambiguo, esclavizador y alienante, del que él intenta librarse por medio de la creación de sus obras.

El interés por Kafka se inicia durante el período hitleriano, sobre todo en Francia y en el mundo anglosajón. En Alemania en cambio el nazismo prohibió sus obras. Sus hermanas murieron en campos de concentración: Ottla en Auschwitz en 1942; Grete Bloch, que le diera el malogrado hijo al escritor, falleció también a manos de un soldado nazi en 1944; y Milena corrió idéntica suerte en otro campo. Sólo después de la guerra se extendió su fama por Alemania y Austria y comenzó allí su influencia literaria. Influencia que iría penetrando más tarde, hasta la década de los sesenta, en la vida política, literaria e intelectual de la Checoslovaquia comunista y de la vieja Praga, su capital, ciudad que le vio nacer y acogió sus restos y los de su familia.

Kafka manifestó durante su vida adulta simpatías por el socialismo y asistió a las reuniones de los anarquistas checos antes de la Primera Guerra Mundial. Su interés por el gueto y el mundo judío que le envolvía no se iniciaría hasta 1911-1912, a través del contacto con el grupo de teatro yiddish del cual ya hicimos mención. Su estudio del pensador danés Kierkegaard (1813-1855) mostró ya una preocupación creciente por diversos aspectos del judaísmo y en 1918 ya vimos también como inició con ahínco el estudio de la lengua hebrea y de la mística judía.

Sin embargo, el sueño de la reconstrucción de la nueva Sión (Jerusalén y su antiguo poderío bíblico) y su deseo de profundizar en el estudio de la cultura de sus antepasados, no le pudo liberar de su condición y de su trágico destino. Kafka estaba convencido de que la tuberculosis que puso fin prematuramente a su vida era una enfermedad psicosomática, una conspiración de la cabeza y el cuerpo para poner fin de una vez a los dilemas indisolubles y las luchas internas en que vivía.

Hace algo más de un cuarto de siglo, la invasión de Checoslovaquia por las fuerzas del pacto de Varsovia, además de la primavera de Praga, se llevó muchísimas otras cosas por delante. Una de ella fue anatematizar a Franz Kafka, que había muerto cuarenta y cuatro años antes. Posiblemente, sin saberlo, no hicieron otra cosa que contribuir por segunda vez a que se cumpliera la última voluntad del escritor que, como recordamos, deseaba que sus obras fueran quemadas.

Y lo hicieron, además de prohibirlo. Aunque lo peor del asunto es que ni tan sólo fueron originales, pues lo mismo hicieron los nazis unos treinta años antes. Así es que la nueva desaparición literaria de Kafka llegó el 20 de agosto de 1968, cuando los soldados de la Unión Soviética, Polonia, Hungría, Bulgaria y la República Democrática Alemana decidieron terminar con la primavera de Praga de Dubcek.

Pero después de más de veinte años de larga y agónica espera, se amnistió por fin a Franz Kafka y las conferencias y seminarios sobre nuestro autor se multiplicaron, en especial, en su ciudad natal. Pero la pregunta continúa en el aire: ¿qué tenía aquel hombre de frágil salud para que se fijaran tanto en él los represores de la libertad?

Hoy, por suerte, sus textos, debido a que su fiel amigo Max Brod no siguió su última voluntad, pueden ser leídos libremente en el país que vieran la primera luz y que ahora, estrecheces económicas y problemas políticos de secesiones aparte, pueden respirar una nueva y ojalá para siempre primavera de libertad.

Estudio especial de *La Muralla China*

Se trata de un fragmento extenso de una narración terminada y sin duda quemada por Kafka. Otros fragmentos más breves se relacionan con el mismo, fragmentos procedentes de épocas diversas.

El relato principal comprende dos partes: una de ellas trata de la construcción de la muralla, y la otra de la situación especial del pueblo chino, en sus relaciones con el emperador, la aristocracia y las leyes.

Acaban de concluir la Gran Muralla que ha de proteger a China contra los nómadas del Norte. La dirección ha organizado las tareas de construcción de una manera muy particular. En vez de construir sin solución de continuidad, se han levantado porciones que fueron después reunidas, pero dejando entre ellas espacios abiertos.

Se ha elegido esa forma de construcción para estimular el brío de los jefes de obra subalternos, los cuales se hubiesen sentido agobiados si hubieran podido considerar la dimensión casi ilimitada de su labor.

Pero esa construcción fragmentada entraña unos inconvenientes, de los que los nómadas podrían aprovecharse en cualquier instante.

La muralla ha sido comparada, por un sabio chino, con la torre de Babel. Según dicho sabio, la construcción de la torre de Babel no fracasó por las razones que dice la tradición, sino porque sus cimientos eran poco sólidos. Tan sólo la Gran Muralla proporcionará por primera vez en la historia de la Humanidad fundamentos sólidos para una nueva torre de Babel. Así, pues, "primero la muralla, después la torre". Mas ¿cómo concebir semejante plan de construcción, puesto que la torre es redonda y la muralla no forma más que un arco del círculo?

El segundo fragmento plantea el problema de las relaciones del pueblo chino con el Imperio.

El imperio es inmortal pero cada uno
de los Emperadores cae y se derrumba.

El pueblo está tan alejado de su Emperador que sólo tiene respecto al mismo unas noticias confusas, inciertas, más legendarias que históricas.

Ignoran incluso los cambios de dinastía, honra dinastías largo tiempo extinguidas y se burla de los mensajes del Emperador reinante, como si hubiesen sido superados desde mucho tiempo atrás. Sólo la idea del Imperio permanece.

Francesc Lluis Cardona

FRANZ KAFKA

LA MURALLA CHINA

1. DE LA CONSTRUCCIÓN*

El extremo norte de la Muralla China ya está concluido. Dos secciones convergieron allí, del sureste y del suroeste. Ese sistema de construcción parcial fue aplicado también en menor escala por los dos grandes ejércitos de trabajadores, el oriental y el occidental. Este era el procedimiento: se formaban grupos de unos veinte trabajadores, que tenían a su cargo una extensión cercana a los quinientos metros, mientras otros grupos edificaban un trozo de muralla de longitud igual que se encontraba con el primero. Una vez producida la unión, no se seguía la construcción a partir de los mil metros edificados: los dos grupos de obreros eran destinados a otras regiones donde se repetía la operación. Naturalmente que con ese procedimiento quedaron grandes espacios abiertos que tardaron muchísimo en cerrarse: algunos lo fueron años después de proclamarse oficialmente que la Muralla estaba concluida. Se afirma que hay espacios vacíos que nunca se edificaron; aseveración, sin embargo, que es tal vez una de las tantas leyendas a que dio origen la Muralla y que ningún hombre puede verificar con sus ojos, dada la magnitud de la obra.

Se pensaría de antemano que hubiese sido mejor en todo sentido construir la Muralla seguidamente o, por lo menos, seguidamente dentro de las dos secciones princi-

* Se supone que la versión definitiva que fue quemada por Kafka. El texto "Un mensaje imperial" apareció independientemente en *Un médico rural*, 1919.

pales. La Muralla, como universalmente se proclamó y como nadie ignora, había sido concebida como una defensa contra las naciones del Norte. Pero, ¿qué defensa puede ofrecer una muralla discontinua? Ninguna, y la Muralla misma está en incesante peligro. Esos pedazos de muralla abandonados en mitad del desierto podían ser fácilmente abatidos por los nómadas, ya que esas tribus, alarmadas por los trabajos de construcción, cambiaban de terruño como langostas, con increíble velocidad y lograban tal vez una mejor visión general de los progresos de la Muralla que nosotros, los constructores. Sin embargo, la obra se hizo del único modo posible. Para entenderlo así debemos considerar que la Muralla tenía que ser una defensa para los siglos que vendrían, de ahí que la calificación más escrupulosa, la aplicación de la sabiduría arquitectónica de todas las épocas y de todos los pueblos y el sentimiento perenne de la responsabilidad personal en los constructores, eran indispensables para la obra. Es verdad que para las tareas más subalternas podían emplearse obreros ignorantes —hombres, mujeres, niños, llevados por el mero interés—, pero ya un capataz de cuatro obreros debía ser un hombre versado en albañilería, un hombre que en el fondo del corazón sintiera la importancia de la obra. Cuanto más alto el cargo, mayor la exigencia. Y tales hombres existían, quizá no todos los requeridos por la obra, pero sí muy numerosos. El trabajo no había sido emprendido a la ligera. Medio siglo antes de empezarlo, la arquitectura y la albañilería, en particular, habían sido proclamadas en toda China (que se pensaba amurallar) las más importantes de las ciencias, y las otras no eran reconocidas sino en cuanto se relacionaban con ellas. Recuerdo todavía que nosotros, niños aún, nos agrupábamos en el jardín del maestro para levantar con piedritas una especie de muro, y que el maestro se remangaba la túnica, arremetía contra el muro, lo hacía pedazos y vociferaba tan fuertes reproches acerca de la fragilidad de la obra que nosotros huíamos llorando en busca de nuestros padres. Un episodio mínimo, pero típico del espíritu de la época.

Yo tuve la suerte de que la iniciación de la obra coincidiera con mis veinte años y con los últimos exámenes de la escuela primaria. Digo la suerte porque muchos que ya habían completado sus estudios se pasaron la vida sin poder aplicar sus conocimientos y vagaban sin rumbo, con la cabeza llena de vastos planes arquitectónicos, sin oportunidad ni esperanzas. Pero aquellos otros que lograron puestos de capataces, siquiera en la categoría inferior, eran en verdad dignos de su trabajo. Eran albañiles que habían meditado muchísimo sobre la obra y que no cesaban de hacerlo: hombres que desde la primera piedra que enterraron se sintieron parte de la Muralla. Es natural que en tales albañiles alentara no sólo la voluntad de trabajar concienzudamente sino la impaciencia de ver concluida la obra. El obrero ignora esas impaciencias, porque no le interesa más que el salario. Los jefes superiores, y aun los intermedios, ven mucho del crecimiento múltiple de la obra para mantener en alto el espíritu. Pero con los subalternos, hombres espiritualmente superiores a sus tareas aparentemente triviales, era preciso proceder de otro modo: imposible tenerlos durante meses o tal vez durante años acumulando piedra sobre piedra en una montaña desierta, a centenares de millas de su hogar; la futilidad de un trabajo, que excedía el término natural de la vida de un hombre, los hubiera incapacitado para la obra. Por eso fue elegido el sistema de construcción parcial. Quinientos metros solían completarse en cinco años; al cabo de ese tiempo los capataces quedaban exhaustos y habían perdido la confianza en sí mismos, en la Muralla y en el mundo. Entonces, en plena exaltación de las fiestas que celebraban los mil metros ejecutados, los destinaban muy lejos. En la travesía divisaban aquí y allá trozos de Muralla concluidos, pasaban por altas jefaturas donde les entregaban premios honoríficos, escuchaban el júbilo de los nuevos ejércitos laboriosos que llegaban de los confines del país, veían bosques talados para apuntalar la Muralla, veían las montañas hechas canteras y escuchaban los himnos de los fieles en los santuarios rogando por la feliz culminación de la empresa. Todo eso aplacaba su impaciencia. La vida tranquila de sus hogares, donde acostumbraban descansar un tiempo, los fortalecía; el respeto que infundían, la credulidad piadosa con que eran recibidas sus palabras, la fe de los humildes ciudadanos en la pronta conclusión de la obra, todo eso retemplaba las fibras de su alma. Como niños eternamente esperanzados decían adiós a sus hogares; el anhelo de volver al trabajo colectivo era irresistible. Emprendían viaje antes de lo necesario; media aldea los acompañaba un largo trecho. En todos los caminos había grupos, arcos de triunfo, banderas; no habían visto jamás que grande, rica, amable y hermosa era su patria. Cada compatriota era un hermano para el que levantaban una muralla protectora y que les agradecería toda su vida, con todo lo que tenía y lo que era. ¡Unidad! ¡Unidad! Hombro contra hombro, una cadena de hermanos, una sangre no ya encerrada en la mezquina circulación del cuerpo, sino circulando con dulzura y sin embargo regresando sin fin a través de la China infinita.

Se justifica así el sistema de construcción parcial, pero también había otras razones. No es extraño que me demore tanto en este punto; por trivial que parezca a primera vista, se trata de un problema esencial de la edificación de la Muralla. Para comunicar y hacer comprensibles las ideas y experiencias de aquella época, nunca insistiré lo bastante en esta cuestión.

No hay que olvidar que en aquel tiempo se realizaron cosas apenas inferiores a la erección de la Torre de Babel, pero de la que diferían mucho —si nuestros cálculos humanos no yerran— en lo que respecta a la aprobación divina. Digo esto, porque en los días iniciales de la obra un letrado compuso un libro que desarrollaba precisamente ese paralelo. Ese libro quería demostrar que el fracaso de la Torre de Babel no se debía a las razones que generalmente se aducen o mejor dicho, que esas conocidas razones no eran las esenciales. Sus pruebas no sólo se apoyaban en informes y documentos: pretendía haber hecho investigaciones en el sitio mismo y haber descubierto que la Torre se malogró —y tenía que malograrse— a causa de lo débil de sus cimientos. Pero en ese aspecto nuestro tiempo era muy superior a aquel remoto pasado. Casi no había un contemporáneo educado que no fuera albañil de profesión e infalible en materia de cimientos. No era esto, sin embargo, lo que el escritor pretendía demostrar; su tesis era que la Gran Muralla ofrecería por primera vez en la historia cita base segura para una nueva Torre de Babel. Primero la Muralla, por consiguiente; luego la Torre. El libro estaba en todas las manos, pero debo admitir que hasta el día de hoy no acabo de comprender su concepción de la Torre no como entender que la Muralla, que ni siquiera formaba un círculo, sino una especie de arco o semicírculo, fuera la base de una torre? Claro está que todo eso puede encerrar algún sentido simbólico. Pero entonces, ¿a qué levantar la Muralla, que al fin y al cabo era algo concreto que exigía la vida y la labor de innumerables hombres? ¿Y a qué los plano de la torre —planos un tanto nebulosos, en verdad— y los diversos proyectos para encauzar las energías del Imperio en esa gigantesca empresa?

Había entonces —este libro es sólo un ejemplo— mucha confusión mental, quizás engendrado por el hecho de que tantos hombres persiguieron un mismo fin. La naturaleza humana, esencialmente voluble, inestable como el viento, no tolera que se la sujete; forcejea contra las ataduras que ella misma se ha impuesto y acaba por romperlas a todas, a la muralla y a sí misma.

Es muy posible que esas consideraciones adversas a la edificación de la Muralla no dejaran de influir en las autoridades al optar éstas por el sistema de contribución parcial. Nosotros —ahora pretendo hablar en nombre de muchos— no sabíamos quiénes éramos a pesar de haber estudiado los decretos de la Dirección y habernos convencido de que sin ella nuestra sabiduría aprendida y nuestro entendimiento natural hubieran sido insuficientes para las humildes tareas que ejecutamos dentro de la vastísima obra. En el despacho de la Dirección —dónde estaba y quiénes estaban, eso lo han ignorado y lo ignoran cuántos he interrogado—, en ese despacho se agitaban, sin duda, todos los pensamientos y todos los deseos humanos e inversamente todas las metas y todas las plenitudes. Por la ventana abierta caía un esplendor de mundos divinos sobre las manos que trazaban los planos.

Por consiguiente, el observador imparcial debe admitir que la Dirección, si se hubiera empeñado en ello, hubiese podido vencer las circunstancias que se oponían a un sistema de construcción continua. Es decir; debemos admitir que la Dirección eligió deliberadamente el sistema de construcción parcial. La construcción parcial, sin embargo, era un mero expediente y, por lo tanto, inadecuado. ¿Eligió entonces la Dirección un medio inadecuado? ¡Extraña conclusión! Sin duda, pero desde cierto punto de vista puede justificarse. Tal vez ahora lo podemos discutir sin peligro, en esos días la máxima secreta de muchos, y aun de los mejores, era ésta: Trata de comprender con todas tus fuerzas las órdenes de la Dirección, pero sólo hasta cierto punto; luego, deja de meditar. Una máxima de lo más razonable, que se desarrolló en una parábola que logró mucha difusión: Deja de meditar, pero no porque pueda perjudicarte, ya que tampoco hay la seguridad de que pueda perjudicarte; las ideas de perjuicio y de no perjuicio nada tienen que ver con el asunto. Te sucederá lo que al río en la primavera. El río crece, se hace más caudaloso, alimenta la tierra de sus riberas, y guarda su propio carácter hasta penetrar en el río que lo recibe agradecido. Trata de comprender hasta ese punto las órdenes de la Dirección. Pero otras veces el río anega sus riberas, pierde su forma, demora su curso, ensaya contra su destino la formación de pequeños mares tierra adentro, perjudica los campos, y, sin embargo, no mantener ese nivel y acaba por volver a sus riberas para secarse miserablemente cuando llega el verano. No quieras penetrar demasiado las órdenes de la Dirección.

Por acertada que fuera esa parábola durante la construcción de la Muralla, sólo tiene un valor muy relativo en el informe que preparo. Mi indagación es puramente histórica; ya se han desvanecido los relámpagos de esa remota tempestad, y yo no me propongo otra cosa que dar una explicación del sistema de construcción parcial, una explicación más profunda que las que satisficieron entonces. Los límites que me impone mi inteligencia son estrechos, pero la materia que deberé abarcar, infinita.

¿De quiénes iba a resguardarnos la Gran Muralla? De los pueblos del Norte. Yo vengo del Sureste de China. Ningún pueblo del Norte nos amenaza. Leemos las historias antiguas, y las crueldades que esos pueblos cometen siguiendo sus instintos nos hacen suspirar bajo nuestros pacíficos árboles. En las auténticas figuras de los pintores vemos esos rostros crueles, esas fauces abiertas, esas mandíbulas ceñidas de dientes puntiagudos, esos ojitos entornados que parecen buscar carne débil para el brillo de sus dientes. Cuando los niños se portan mal les mostramos esas figuras y ellos se refugian en nuestros brazos. Pero eso es todo lo que sabemos de esos hombres del Norte. Nunca los hemos visto y si permanecemos en nuestra aldea no los veremos nunca, aunque resolvieran precipitarse sobre nosotros al galope tendido de sus caballos salvajes... demasiado vasta es la tierra y no los dejaría acercarse... su carrera se estrellaría en el vacío.

Entonces ¿por qué razón abandonamos nuestros hogares, el río y los puentes, la madre y el padre, la mujer deshecha en lágrimas, los niños sin amparo, y fuimos a la ciudad lejana a estudiar y nuestros pensamientos aún más lejos, hasta la Muralla que está en el Norte? ¿Por qué? La Dirección lo sabe. Nuestros jefes nos conocen bien. Agitados por ansiedades gigantescas, lo saben todo acerca de nosotros, conocen nuestros pequeños quehaceres, nos ven reunidos en humildes cabañas y aprueban o desaprueban el rezo que el padre de familia eleva en las tardes rodeado por los suyos. Si me fuera permitido otro juicio sobre la Dirección, diría que es muy antigua y que no ha sido congregada de golpe, como los grandes mandarines que se reúnen movidos por un sueño y ya esa misma tarde sacan de sus camas al pueblo redoblando tambores y lo arrean a una iluminación en honor de un dios que ayer ha favorecido a sus Señorías y que mañana, apenas apagados los faroles, será relegado a un oscuro rincón. Prefiero sospechar que la Dirección no es menos antigua que el mundo y asimismo que la decisión de hacer la Muralla. ¡Inconscientes pueblos del Norte que imaginaban ser el motivo! ¡Venerable, inconsciente Emperador que imaginó haberlo decretado! Los constructores de la Muralla conocemos la verdad y callamos.

Desde la construcción de la Muralla hasta el día de hoy, me he entregado casi exclusivamente a la historia comparativa de las naciones —hay determinados problemas que no es posible penetrar sino por este método— y he llegado a la conclusión de que los chinos estamos dotados de algunas instituciones sociales y políticas cuya claridad es incomparable, y, también de otras cuya oscuridad es desmesurada. El deseo de investigar las causas de esos fenómenos (especialmente los últimos) no me abandona nunca, ya que la construcción de la Muralla guarda una relación esencial con esas cuestiones. La más oscura de nuestras instituciones es indudablemente el imperio. Por cierto que en Pekín, en la Corte, hay alguna claridad sobre esa materia, pero esa misma claridad es más ilusoria que real. En las universidades, los profesores de derecho y de historia afirman su conocimiento exacto del tema y su capacidad de comunicarlo. A medida que uno desciende a las escuelas elementales, van desapareciendo las dudas, y una cultura superficial infla monstruosamente unos pocos preceptos seculares, que a pesar de no haber perdido nada de su eterna verdad, resultan indescifrables en ese polvo y en esa niebla.

Precisamente sobre el imperio convendría que el pueblo fuera interrogado, ya que el Imperio tiene en el pueblo su último sostén. Es verdad que sobre este punto yo sólo puedo hablar de mi aldea. Descontadas las divinidades agrarias cuyas ceremonias ocupan el año de un modo tan bello y variado, sólo pensamos en el Emperador. No en el Emperador actual; para ellos tendríamos que saber quién es o algo determinado sobre él. Hemos tratado siempre —no tenemos otra curiosidad— de conseguir algún dato, pero, por raro que parezca, nos ha resultado casi imposible descubrir algo, tanto de los peregrinos, que han andado por muchas tierras, como de las aldeas vecinas o remotas, o de los marineros, que no sólo han remontado nuestros arroyos, sino los ríos sagrados. Uno oye muchas cosas, es verdad, pero nada resulta seguro, indiscutible.

Nuestra tierra es tan grande que no existe cuento de hadas que pueda encerrar su grandeza. El cielo mismo apenas la abarca, y Pekín es un punto y el palacio imperial es menos que un punto. El Emperador, como tal, está sobre todas las jerarquías del mundo. Pero el Emperador, individualmente, es un hombre como nosotros, que duerme como un hombre en una cama que tal vez es amplísima, pero que tal vez es corta y angosta. Como nosotros, a veces se acuesta y cuando está muy cansado bosteza con su boca delicada. Pero nosotros, que habitamos al Sur, a millares de leguas, casi en los contrafuertes de la meseta tibetana, ¿qué podemos saber de todo eso? Además, aunque nos llegaran noticias, nos llegarían atrasadas, absurdas. En torno del Emperador se reúne una brillante y sin embargo oscura muchedumbre de cortesanos —maldad y hostilidad disfrazadas de amigos y servidores—, el contrapeso del poder imperial, perpetuamente dirigiendo al Emperador dardos envenenados. El Imperio es eterno, pero el Emperador vacila y se tambalea; dinastías enteras se derrumban y mueren en un solo estertor. De esas batallas y esas luchas no sabrá nada el pueblo; es como el retrasado forastero que no pasa del fondo de una atestada calle lateral, mientras en la plaza central están ejecutando al rey.

Hay una parábola que describe muy bien esa relación. El emperador —así dicen— te ha enviado a ti, el solitario, el más miserable de sus súbditos, la sombra que ha huido a la más distante lejanía, microscópica ante el sol imperial; justamente a ti, el Emperador te ha enviado un mensaje desde su lecho de muerte. Hizo arrodillar al mensajero junto a su cama y le susurró el mensaje al oído; tan importante le parecía, que se lo hizo repetir. Asintiendo con la cabeza, corroboró la exactitud de la repetición. Y ante la muchedumbre reunida para contemplar su muerte —todas las paredes que interceptaban la vista habían sido derribadas, y sobre la amplia y alta curva de la gran escalinata formaban un círculo los grandes del Imperio—, ante todos, ordenó al mensajero que partiera. El mensajero partió en el acto; un hombre robusto e incansable; extendiendo primero un brazo, luego el otro, se abre paso a través de la multitud; cuando encuentra un obstáculo, se señala sobre el pecho el signo del sol; adelanta mucho más fácil que ningún otro. Pero la multitud es muy grande; sus alojamiento son infinitos. Si ante él se abriera el campo libre, como volaría, que pronto oirías el glorioso sonido de sus puños contra la puerta. Pero, en cambio, qué vanos son sus esfuerzos; todavía está abriéndose paso a través de las cámaras del palacio central; no acabará de atravesarlas nunca; y si terminara, no habría adelantado mucho; tendría que cruzar los patios; y después de los patios el segundo palacio circundante; y nuevamente las escalera y los patios; y nuevamente un palacio; y así durante miles de años; y cuando finalmente atravesara la última puerta —pero esto nunca, nunca podría suceder— todavía le faltaría cruzar la capital, el centro del mundo, donde su escoria se amontona prodigiosamente. Nadie podría abrirse paso a través de ella, y menos aún con el mensaje de un muerto. Pero tú te sientas junto a tu ventana, y te lo imaginas cuando cae la noche.

Así, de modo tan desesperado y tan esperanzado a la vez, es como mira nuestro pueblo al Emperador. No sabe qué Emperador reina, y hasta el nombre de la dinastía está en duda. En la escuela se enseñan en orden las dinastías, pero la incertidumbre general es tan grande que hasta los mejores letrados se dejan arrastrar por ella. Emperadores muertos hace siglos suben al trono en nuestras aldeas y la proclamación de un emperador que sólo perdura en las epopeyas fue leída frente al altar por un sacerdote. Batallas de la historia más antigua son recientes para nosotros, y un vecino trae la noticia con la cara encendida. Las mujeres de los emperadores, ociosas entre sus almohadones de seda, desviadas de la noble tradición por cortesanos viles, henchidas de ambición, violentas de codicia, desaforadas de lujuria, repiten y vuelven a repetir sus abominaciones. Cuanto más tiempo ha transcurrido, más terribles y vivos son los colores y con temor nuestra aldea recibe la noticia de que una emperatriz (hace miles de años) bebió la sangre del marido a grandes tragos.

Así están cerca de nuestro pueblo los emperadores antiguos, pero al que vive lo juzgan entre los muertos. Si alguna vez, alguna rarísima vez, un funcionario imperial, que recorre las provincias, cae por azar en nuestra aldea, y nos transmite algunos decretos y examina las listas de los impuestos, preside los exámenes, interroga al sacerdote, y antes de ascender a su litera, dirige algunos reproches a los asistentes, entonces la sonrisa alegra las caras, todos se miran a hurtadillas y la gente se inclina sobre los niños, para que el funcionario no se dé cuenta. "¿Cómo? —piensa—: habla de un muerto como si aún estuviera vivo; ese Emperador ha muerto hace tiempo, la dinastía se ha extinguido, el señor funcionario nos está gastando una broma, pero no nos daremos por aludidos para no ofenderlo. Pero realmente no acataremos sino al Emperador actual, porque proceder a otro sería un desacato." Y al desaparecer la litera surge como señor del pueblo una sombra que arbitrariamente exaltamos y que habitó, sin duda, una urna ya hecha cenizas.

Paralelamente nuestro pueblo suele interesarse muy poco en las agitaciones civiles o en las guerras contemporáneas. Recuerdo un incidente de mi juventud. Había estallado una revuelta en una provincia limítrofe pero muy apartada. No recuerdo las causas de la revuelta, ni éstas importan: ahora las causas sobran cuando la gente es revoltosa. Un pordiosero que venía de esa provincia, trajo a la casa de mi padre una proclama publicada por los rebeldes. Casualmente era un día de fiesta, la casa estaba llena de invitados, el sacerdote ocupaba el sitio de honor y miró la proclama. De golpe todos se reían, en la confusión la hoja se hizo pedazos, el pordiosero que había recibido abundantes limosnas fue expulsado a golpes, los huéspedes salieron a gozar del hermoso día. ¿La razón? El dialecto de esa provincia limítrofe difiere esencialmente del nuestro y esa disparidad se manifiesta en algunas formas del idioma escrito que tienen un carácter arcaico para nosotros. Apenas hubo leído el sacerdote un par de líneas, nuestra decisión estaba tomada. Viejas cosas, contadas hace tiempo, hace tiempo cicatrizadas. Y aunque —así me lo asegura el recuerdo— la actualidad hablaba palmariamente por boca del pordiosero, todos movían la cabeza y reían y rehusaban escuchar más. Tan inclinado está nuestro pueblo a ignorar el presente.

Si de todos estos hechos se deduce que carecemos de emperador, no se estará muy lejos de la verdad. Lo digo y lo repito: no hay pueblo más fiel al Emperador que nuestro pueblo del Sur, pero de nada le sirve al Emperador nuestra fidelidad. Es cierto que el dragón sagrado está en su pedestal a la entrada de nuestra aldea, y desde que los hombres son hombres ha dirigido hacia Pekín su aliento de fuego, pero Pekín es más inconcebible para nosotros que la otra vida. ¿Existiría realmente una aldea de casas encimadas que cubre un espacio superior al que domina nuestro cerro, y será posible que entre esas casas haya hombres hacinados todo el día y toda la noche? Menos difícil que figurarnos esa ciudad es pensar que Pekín y su Emperador son una sola cosa: una tranquila nube, digamos, que gira eternamente cerca del sol.

De semejantes opiniones resulta una vida relativamente libre y despreocupada. De modo alguno una vida inmoral: no he hallado en mis peregrinajes una pureza de costumbres como la de mi aldea. Pero es una vida, con todo, que no sabe de leyes contemporáneas, y sólo reconoce las exhortaciones y los avisos que vienen de tiempos remotos.

No hago generalizaciones y no pretendo que suceda lo mismo en las mil aldeas de nuestra provincia o en las quinientas provincias del Imperio. El examen de muchos documentos, corroborado por mis observaciones personales, las vastas muchedumbres movilizadas para levantar la Muralla, daban a los hombres sensibles ocasión de recorrer casi todas las provincias; esa examen —repito— me permite afirmar que la concepción general del Emperador concuerda esencialmente con la que se tiene en mi aldea. No afirmo que esa concepción sea una virtud: todo lo contrario. Es indudable que la responsabilidad principal le incumbe al gobierno, que en este Imperio —el más antiguo de la tierra— no ha conseguido o no ha querido desarrollar las instituciones imperiales con la justeza necesaria para que su influencia llegue directa e incesantemente a los límites extremos del país. Por otra parte, el pueblo adolece de una debilidad de imaginación o de fe que le impide levantar al imperio de su postración en Pekín y estrecharlo con amor contra su pecho leal, aunque en el fondo no ambiciona otra cosa que sentir ese contacto y morir.

En consecuencia, nuestra concepción del Emperador no es una virtud. Tanto más raro es que esa misma debilidad sea una de las mayores fuerzas aglutinantes de nuestro pueblo; constituye, si me permiten la expresión, el suelo que pisamos. Declararlo un defecto esencial, importaría no sólo hacer vacilar las conciencias, sino también los pies. Y por eso no deseo continuar examinando este problema.

2. EL RECHAZO*

Nuestra pequeña ciudad no está en la frontera, ni tan siquiera próxima; la frontera está todavía tan lejos que probablemente nadie de la ciudad haya llegado hasta ella; hay que cruzar planicies desérticas y también extensas regiones fértiles. Es agotador tan sólo imaginar parte de la ruta, es completamente imposible imaginar más. Grandes ciudades se hallan en el camino mucho más grandes que la nuestra; y en el supuesto de que uno no se perdiera en el trayecto, se perdería con seguridad en ellas debido a su gran tamaño que hace imposible bordearlas.

Mucho más allá de la frontera, si tales distancias pudiesen compararse —es como decir que un hombre de trescientos años es más viejo que uno de doscientos—, mucho más allá aún está la capital. Y si bien nos llega alguna noticia de las luchas fronterizas, no nos enteramos casi absolutamente de lo que sucede en ella, los ciudadanos corrientes al menos, pues los funcionarios disponen de excelentes comunicaciones; según afirman en dos o tres meses pueden recibir una noticia.

Y es curioso, y esto siempre renueva en mí el asombro, cómo nos sometemos a cuanto se ordena desde la capital. Hace siglos que no se produce entre nosotros modificación política alguna emanada de los ciudadanos

* Este fragmento y los siguientes fueron presumiblemente escritos entre 1920 y 1922.

mismos. En la capital los jerarcas se han relevado unos a otros; dinastías enteras se han extinguido o fueron depuestas y nuevas dinastías comenzaron; en el último siglo la capital misma fue destruida, y fundada una nueva, lejos de la primera; luego la nueva fue destruida a su vez y la antigua vuelta a edificar; en nuestra ciudad nada de ello tuvo repercusión alguna. La burocracia conservó siempre su lugar, los funcionarios principales venían de la capital, los de mediano rango llegaban por lo menos de afuera, los inferiores salían de nuestro medio; así ha sido siempre, y eso nos bastaba.

El funcionario más elevado, es el jefe Recaudador de Impuestos, en grado de coronel, y así se le llama. Hoy es ya hombre viejo, pero lo conozco desde hace muchos años, y ya en mi niñez era coronel; al principio hizo una carrera rápida, que luego se estancó de golpe; para nuestra ciudad basta su grado, no estaríamos en condiciones de absorber otro más importante. Cuando trato de imaginármelo, lo veo sentado en la galería de su casa, frente a la plaza del mercado, echado hacia atrás, con una pipa en la boca. En el techo ondea sobre él la bandera imperial; y en los límites de la galería, tan espaciosa que en ella se realizan pequeños ejercicios militares, hay ropa tendida a secar. Sus nietos, ricamente vestidos de seda, juegan alrededor de él; no se les permite bajar a la plaza, los otros niños son indignos de ellos, pero como les tienta, meten la cabeza entre los barrotes de la barandilla, y cuando los otros chicos se pelean, ellos siguen la lucha desde arriba. Este coronel gobierna, pues, la ciudad. Creo que no ha exhibido jamás un documento que le autorice a ello. Acaso tampoco lo tenga. Tal vez sea, en efecto, jefe Recaudador de Impuestos, ¿pero es suficiente?, ¿le autoriza a mandar en todos los campos de la Administración? Desde luego, su cargo es importante para el Estado pero se tiene la impresión de que, la gente dice: "Ya nos has tomado cuanto teníamos; por favor, tómanos también a nosotros". Porque, realmente, no se ha adueñado del poder por la violencia ni es un tirano. Desde tiempos inmemoriales la fuerza de la costumbre ha querido que el jefe Recaudador fuera también el primer funcionario, y el Coronel y nosotros no hacemos más que seguir la tradición.

Pero aunque vive entre nosotros sin excesivas distinciones en razón de su cargo, es muy distinto de un ciudadano común. Cuando una delegación llega ante él con una súplica, parece el muro del mundo. Más allá de él no hay nada; parecen oírse, sí, todavía algunos cuchicheos, pero tal vez sólo sea un engaño de los sentidos, puesto que él representa el final de todo, al menos para nosotros. Es necesario haberlo observado en esas recepciones. De niño asistía a una; la delegación de los ciudadanos le solicitaba un subsidio gubernamental porque el barrio más pobre había sido destruido por un incendio. Mi padre, el herrero, persona respetada, formaba parte de la delegación y me había llevado con él. Esto no era nada fuera de lo común; a semejante espectáculo asiste todo el mundo, y casi no es posible distinguir la delegación entre el gentío. Por lo general tales recepciones tienen lugar en la galería; hay personas que trepan desde la plaza del mercado con escaleras de mano para participar en los sucesos por encima de la barandilla. En aquella ocasión casi la cuarta parte de la galería estaba reservada para él, el resto lo llenaba la multitud. Algunos soldados se hallaban encargados de la vigilancia; también le rodeaban a él en semicírculo. En el fondo, hubiera bastado un solo soldado, tanto es el temor que el Coronel despierta. No sé con exactitud de dónde vienen estos soldados, en todo caso de muy lejos; todos se parecen y ni siquiera necesitarían uniforme. Son pequeños, poco robustos, pero vivaces; lo más llamativo en ellos es la dentadura, poderosa como si les llenara demasiado la boca, y un cierto recluir inquieto en los ojillos estrechos. Son el terror de los niños, y al mismo tiempo también su atracción, porque continuamente quisieran asustarse ante esas dentaduras y esos ojos, para en seguida escapar desesperados. Probablemente este terror infantil no se pierde en los adultos, o al menos sigue obrando en ellos. Hay otras cosas todavía. Los soldados hablan un dialecto incomprensible, no logran habituarse a nuestro idioma, lo que les hace herméticos, inaccesibles. Ello responde también a su carácter. Son reservados, serios y rígidos, y aunque no hagan nada malo, algo parecido a una malignidad latente les hace insoportables. Entra un soldado en un comercio, por ejemplo, compra una chuchería y permanece apoyado en el mostrador; atiende a las conversaciones, tal vez sin comprenderlas, pero como si lo hiciera no tiene palabra, tan sólo mira rígidamente al que habla, luego a los que escuchan, la mano en la empuñadura del largo cuchillo que pende del cinto. Es insoportable, se pierden las ganas de conversar, el comercio se vacía, y sólo cuando se ha vaciado por completo marcha también el soldado. Donde aparecen los soldados, nuestro pueblo, tan animado, se cohíbe. Así fue también en aquella oportunidad. Como en todas las ocasiones solemnes, el Coronel estaba muy erguido y sostenía en las manos tendidas hacia delante dos varas de bambú. Es una vieja costumbre que significa que él se apoya en la ley y que ella a su vez es sostenida por él. Todos saben ya lo que sucederá en lo alto de la galería;

sin embargo, vuelven a atemorizase. También en aquella oportunidad el designado para hablar no quiso comenzar a hacerlo; estaba ya frente al Coronel, pero de pronto perdió el ánimo y con diversos pretextos volvió a desaparecer entre la multitud. Y no se encontró a otro capaz y dispuesto a hablar; por cierto, algunos incapaces se ofrecieron; se originó una gran confusión y se enviaron mensajeros a algunos oradores conocidos.

Durante todo este tiempo el Coronel permaneció de pie, inmóvil; sólo la respiración le convulsionaba el pecho. No porque respirara con dificultad, respiraba con precisión, como lo hacen, por ejemplo, las ranas, pero en éstas es habitual, mientras que en él era extraordinario. Me escurrí entre las personas mayores y lo pude contemplar por un hueco, entre los soldados, hasta que uno de éstos me apartó con la rodilla. Entretanto el orador primitivamente designado pudo reaccionar y, sostenido firmemente por dos ciudadanos, pronunció el discurso. Era emocionante ver cómo durante este grave discurso, que describía tal infortunio, no cesó de sonreír; era la más humilde de las sonrisas, que se esforzaba en vano para provocar el menor reflejo en el rostro del Coronel. Por fin formuló la súplica, creo que tan sólo solicitó una exención de impuestos por un año, o acaso también madera barata de los bosques imperiales. Luego se inclinó profundamente, como lo hicieron todos los demás a excepción del Coronel, de los soldados y de algunos funcionarios del fondo. Al niño le pareció ridículo que los que estaban encaramados en las escaleras descendieran unos peldaños para no ser vistos durante el decisivo silencio y cómo de vez en cuando se asomaban al nivel del suelo de la galería para espiar. Eso duró un momento; luego un funcionario, un hombre menudo, se adelantó, trató de levantarse de puntillas hasta el Coronel, que, aparte de los movimientos del pecho, seguía completamente inmóvil y obtuvo de él un susurro al oído. El funcionario dio una palmada y anunció: "La petición ha sido rechazada. Idos". Una innegable sensación de alivio recorrió la multitud; todos le apretujaban para salir; casi nadie se fijaba ya en el Coronel, que parecía haberse convertido de nuevo en un ser humano como todos nosotros; sólo vi cómo, realmente agotado, soltó las varas, que cayeron al suelo, cómo se hundió en una poltrona traída por los funcionarios y cómo se metió con apresuramiento la pipa en la boca.

Pero no se trataba de un hecho aislado; era lo corriente. Puede ocurrir, sin embargo, que alguna que otra vez se acceda a alguna pequeña petición, pero entonces sucede como por decisión del Coronel, como ente poderoso y bajo su exclusiva responsabilidad; en cierto modo debe ser conservado —no se dice, pero es así en definitiva— en secreto ante el gobierno. Si bien en nuestra pequeña ciudad los ojos del Coronel son al propio tiempo los ojos del gobierno, en este caso hay que hacer una distinción, cuyo sentido no es del todo comprensible.

Pero en los asuntos importantes se puede estar siempre seguro de la negativa. Y es realmente curioso que en cierto modo no nos podamos pasar sin ella; lo que no quiere decir que la ida y el logro del rechazo sea una simple formalidad. Siempre con seriedad y con renovado ánimo el pueblo concurre y luego se retira, no precisamente conforme y feliz, pero de ningún modo con desilusión o cansancio. Sobre estos asuntos no necesito el parecer de nadie, las siento en mi interior como todo el mundo. Y ni siquiera experimento curiosidad por saber la relación que hay entre tales sucesos.

Sin embargo, según mis observaciones, la gente de determinada edad, los jóvenes entre diecisiete y veinte años, no están conformes. Es gente incapaz de sospechar, por su extremada juventud, la trascendencia de cualquier idea y menos aún de una idea revolucionaria. Y sin embargo, precisamente entre ella se infiltra el descontento.

3. LA CUESTIÓN DE LAS LEYES

Por lo general nuestras leyes no son conocidas, sino que constituyen un secreto del pequeño grupo aristocrático que nos gobierna. Aunque estamos convencidos de que estas antiguas leyes se cumplen con exactitud, resulta en extremo mortificante el verse regido por leyes para uno desconocidas. No pienso aquí en las diversas posibilidades de interpretación ni en las desventajas de que sólo algunas personas, y no todo el pueblo, puedan participar de su interpretación. Acaso esas desventajas no sean muy grandes. Las leyes son tan antiguas que los siglos han contribuido a su interpretación, pero las licencias posibles sobre la interpretación, aun cuando subsistan todavía, son muy restringidas. Por lo demás la nobleza no tiene evidentemente ningún motivo para dejarse influir en la interpretación por un interés personal en perjudicarnos ya que las leyes fueron establecidas desde sus orígenes por ella misma; la cual se halla fuera de la ley, que, precisamente por eso, parece haberse puesto exclusivamente en sus manos. Esto, naturalmente, encierra una sabiduría —quién duda de la sabiduría de las antiguas leyes—, pero al propio tiempo nos resulta mortificante, lo cual es probable que sea inevitable.

Por otra parte, estas apariencias de leyes sólo pueden ser en realidad sospechadas. Según la tradición existen y han sido confiadas como secreto a la nobleza; de modo que más que una vieja tradición, digna de crédito por su antigüedad, pues la naturaleza de estas leyes exige también mantener en secreto su existencia. Pero si nosotros, el pueblo, seguimos atentamente la conducta de la nobleza desde los tiempos más remotos y poseemos anotaciones de nuestros antepasados referentes a ello, y las hemos proseguido concienzudamente hasta creer discernir en los hechos múltiples ciertas líneas directrices que permiten sacar conclusiones sobre esta o aquella determinación histórica, y si después de estas deducciones finales cuidadosamente tamizadas y ordenadas procuramos adaptarnos en cierta medida al presente y al futuro, todo aparece ser entonces algo inseguro y quizás un simple juego del entendimiento, pues tal vez esas leyes que aquí tratamos de descifrar no existen. Hay un pequeño partido que sostiene esta opinión y que trata de probar que cuando una ley existe sólo puede rezar: lo que la nobleza hace es ley. Ese partido ve solamente actos arbitrarios en los actos de la nobleza y rechaza la tradición popular, la cual, según su parecer, sólo comporta beneficios casuales e insignificantes, provocando en cambio graves perjuicios al dar al pueblo una seguridad falsa, engañosa y superficial con respecto a los acontecimientos por venir. No puede negarse este daño, pero la gran mayoría de nuestro pueblo ve su razón de ser en el hecho de que la tradición no es ni con mucho suficiente aún, ya que hay todavía mucho que investigar en ella y que, sin duda, su material, por enorme que parezca, es aún demasiado pequeño, por que habrán de transcurrir siglos antes de que se revele como suficiente. Lo confuso de esta visión a los ojos del presente sólo está iluminado por la fe de que habrá de venir el tiempo en que la tradición y su investigación consiguiente resurgirán en cierto modo para poner punto final, que todo será puesto en claro, que la ley sólo pertenecerá al pueblo y la nobleza habrá desaparecido. Esto no lo ha dicho nadie, en modo alguno, con odio hacia la nobleza. Antes bien, debemos odiarnos a nosotros mismos, por no ser dignos aún de tener ley. Y por eso, ese partido, en realidad tan atrayente desde cierto punto de vista y que no cree, en verdad, en ley alguna, no ha aumentado su caudal porque él también reconoce a la nobleza y el derecho a su existencia.

En verdad, esto sólo puede ser expresado con una especie de contradicción: un partido que, junto a la creencia en las leyes, repudiara la nobleza, tendría inmediatamente a todo el pueblo a su lado, pero un partido semejante no puede surgir pues nadie osa repudiar a la nobleza. Vivimos sobre el filo de esta cuchilla. Un escritor lo resumió una vez de la siguiente manera: la única ley, visible y exenta de duda, que nos ha sido impuesta, es la nobleza, ¿y de esta única ley habríamos de privarnos nosotros mismos?

4. EL RECLUTAMIENTO

Los reclutamientos de tropas son a menudo necesarios, puesto que las luchas fronterizas no cesan nunca, y se realizan de la siguiente forma.

Se publica el mandato de que en tal día, en tal barrio, todos los habitantes, hombres, mujeres, niños, sin excepción, deben permanecer en sus casas. Generalmente es hacia el mediodía cuando aparece en la entrada del barrio, donde una brigada de soldados de infantería y caballería espera ya desde el amanecer, el joven noble que debe practicar el reclutamiento. Es un hombre delgado, no muy alto, débil, de aspecto descuidado, con ojos cansados, la inquietud lo agita constantemente, igual que a un enfermo el escalofrío. Sin mirar a nadie hace con su fusta, que compone todo su armamento, una señal; algunos soldados lo siguen y él penetra en la primera casa. Un soldado, que conoce personalmente a todos los habitantes de este barrio, lee la lista de los ocupantes. Por lo general se encuentran todos allí, en fila en la habitación, los ojos pendientes del noble, como si ya fueran soldados. Pero también puede ocurrir que aquí y allí falte alguno. Entonces nadie se atreve a esgrimir una excusa y menos aún una mentira; se calla, se bajan los ojos, apenas si se soporta la presión de la orden que se ha desacatado en esta casa, pero la muda presencia del noble inmoviliza sin embargo a todos en sus puestos. Él hace una señal, no es siquiera una inclinación de cabeza, sólo se lee en sus ojos, dos soldados comienzan a buscar al que falta. No da mucho trabajo. Nunca se encuentra fuera de la casa, nunca intenta realmente sustraerse al reclutamiento, sólo es por miedo que no ha venido, pero no por miedo al servicio, es, en realidad, timidez, recelo; la orden es para él formalmente demasiado grande, atemorizante, no puede venir por sus propias fuerzas. Pero por eso no huye, sólo se oculta, y cuando oye que el noble está en la casa, se arrastra fuera de su escondrijo hasta la puerta de la habitación y es inmediatamente cogido por los soldados que salen. Es llevado ante el noble: éste aferra la fusta con ambas manos —es tan débil que con una mano no puede hacer nada— y castiga al hombre. No le produce grandes dolores; deja caer la fusta, mitad por agotamiento, mitad por repugnancia, y el azotado ha de recogerla y entregársela. Entonces se le permite alinearse con los demás; está seguro, casi seguro que no va a ser asentado. Pero también ocurre, y esto es más frecuente, que haya más gente que la que figura en el registro. Por ejemplo, una muchacha desconocida está allí y mira al noble; es de fuera, tal vez de la provincia; el reclutamiento la ha atraído hasta aquí. Hay muchas mujeres que no pueden resistirse a la atracción de uno de estos reclutamientos extraños; el de casa tiene un significado completamente distinto. Y es curioso que no se vea en ello nada reprochable cuando una mujer cede a esta tentación; al contrario, es alto por lo que, según la opinión de algunos, tienen que pasar las mujeres, es una deuda contraída con su sexo. Además siempre sucede de manera parecida. La muchacha o señora oye que en algún sitio, tal vez muy lejos, en casa de unos parientes o amigos, hay un reclutamiento; suplica a sus familiares aprobación para el viaje, se aprueba —esto no se le puede rechazar—, se viste con lo mejor que tiene, está más contenta que de costumbre, al mismo tiempo tranquila y amable, diferente de como acostumbra a ser, y detrás de toda su calma y amabilidad, se mantiene inaccesible, como una desconocida que viaja a su patria y no piensa ya en otra cosa. En la familia, en la que ha de tener lugar el reclutamiento, es recibida de forma completamente distinta que un huésped normal; la adulan, debe atravesar todas las habitaciones de la casa, asomarse a todas las ventanas, y si alguien le coloca la mano en la cabeza, significa más que la bendición paterna. Cuando la familia se prepara para el reclutamiento, ella recibe el mejor sitio, el más próximo a la puerta, que es donde va a ser mejor vista por el noble y donde ella mejor lo va a ver. Pero sólo es honrada hasta la entrada del noble, a partir de ahí comienza a marchitarse formalmente. Él la contempla tan poco como a los otros, e incluso si dirige sus ojos hacia alguno, aquél no se siente mirado. Ella no había esperado esto o, lo que es más, lo había esperado con toda seguridad, puesto que no puede ser de otra manera, pero tampoco era la esperanza de lo contrario lo que la había traído hasta aquí; era, sencillamente, algo que ahora ciertamente ha terminado. Siente vergüenza en una medida que tal vez nuestra mujeres no sienten nunca; no es sino ahora cuando se da cuenta de que se ha entremetido en un reclutamiento extraño, y cuando el soldado termina de leer su lista su nombre no ha aparecido y hay un instante de silencio; ella huye temblando y encogida hasta la puerta y recibe todavía un puñetazo del soldado en la espalda.

Si es un hombre el que sobra, no aspira a otra cosa, tal y como antes, a pesar de no pertenecer a esta casa, que a ser reclutado. También esto es completamente inútil; nunca ha sido reclutado uno de estos sobrantes y nunca sucederá algo semejante.

5. UN FRAGMENTO

A nuestro mundo llegó entonces la noticia de la construcción de la muralla. Lo hizo con retraso, unos treinta años después de su proclamación. Era una tarde de verano. Yo, de unos diez años, me hallaba con mi padre a la orilla del río. Por la trascendencia de esa hora, comentada muchas veces, recuerdo todavía los detalles más nimios. Me tenía de la mano —lo hacía con placer, hasta en su vejez avanzada— y deslizaba la otra por la pipa, larga y muy fina, como si fuese una flauta. Su gran barba movediza y armada avanzaba en el espacio; saboreando la pipa, miraba a lo alto por encima del río. Su trenza, objeto de la veneración de los niños, caía hacia abajo y susurraba suavemente sobre la seda bordada en oro del traje de fiesta. Entonces se detuvo una barca ante nosotros; el barquero, con un gesto, indicó a mi padre que bajara por el talud; él mismo ascendió también. Se encontraron en el medio; el barquero susurró algo en secreto al oído de mi padre; para acercársela más lo abrazó. No comprendí lo que decían, sólo vi que mi padre no parecía creer la noticia, que el barquero trataba de reforzar su veracidad, que mi padre aún no podía creerla, que el barquero, con el apasionamiento que lo caracteriza, casi se desgarró sus ropas en el pecho para probar lo que decía, que mi padre se tornó más silencioso y que el barquero saltó ruidosamente a la barca, alejándose. Mi padre, pensativo, se volvió hacia mí, golpeó la pipa, la metió en el cinturón y me acarició la mejilla. Era lo que más me gustaba, me hacía feliz, y así llegamos a casa. El arroz ya humeaba sobre la mesa, había algunos huéspedes y se vertía vino en las copas. Sin prestar atención a ello, mi padre, desde el umbral, comenzó a contar lo que había oído. No recuerdo exactamente las palabras, pero sí el sentido, debido a lo extraordinario de las circunstancias, aún para un niño, me penetró tan profundamente, que todavía hoy me atrevo a dar la versión oral. Y lo hago porque es muy demostrativo de las ideas del pueblo. Mi padre dijo esto aproximadamente: "Un barquero desconocido —conozco a todos los que habitualmente pasan por aquí, pero éste era desconocido— me contó que se piensa construir una gran muralla para proteger al emperador; a menudo pueblos no creyentes se reúnen ante el palacio imperial, entre ellos también demonios, y disparan sus negras flechas contra el emperador.

EL ESCUDO DE LA CIUDAD*

Al comienzo no faltó el orden en las disposiciones para construir la Torre de Babel; hubo un orden excesivo, quizá. Se pensó demasiado en guías, intérpretes, alojamientos para obreros y vías de comunicación, como si se dispusiera de siglos. En aquel tiempo la opinión general era que no se debía construir con demasiada lentitud; un poco más y hubieran renunciado a todo, incluso a echar los cimientos. La gente razonaba de esta manera: lo esencial de la empresa es el pensamiento de construir una torre que llegue al cielo. Lo demás es secundario. Ese pensamiento, una vez comprendida su grandeza, es inolvidable: mientras haya hombres en la tierra, habrá también el fuerte deseo de terminar la Torre. En consecuencia, no debe preocuparnos el porvenir. Al contrario: el saber de los hombres adelanta, la arquitectura ha progresado y seguirá progresando; dentro de cien años el trabajo para el que hoy precisamos un año se hará quizás en pocos meses, y más resistente, mejor. Entonces, ¿a qué agotarnos ahora? Eso tendría sentido si valiera la esperanza de que la Torre quedara terminada en el tiempo de una generación. Esa esperanza era imposible. Lo probable era que la nueva generación, con sus conocimientos superiores, condenara el trabajo de la generación precedente y derribase todo lo construido, para recomen-

* El motivo inspirador debe ser sin duda el escudo de Praga, ciudad natal de Kafka, que ostenta un puño.

zar. Semejantes pensamientos paralizaron las energías, y se pensó menos en construir la Torre que en construir una ciudad para los obreros. Cada nacionalidad quería el mejor barrio, y esto dio lugar a discusiones que terminaban en peleas sangrientas. Esas peleas no tenían fin; algunos dirigentes opinaban que demoraría muchísimo la construcción de la Torre y otros que convenía aguardar que se restableciera la paz. Pero no sólo en pelear pasaban el tiempo; en las treguas embellecían la ciudad, lo que provocaba nuevas envidias y nuevas peleas. Así pasó el tiempo de la primera generación, pero ninguna de las siguientes fue distinta; sólo aumentó la capacidad técnica y con ella el ansia de guerra. Aunque la segunda o tercera generación reconoció la insensatez de una torre que llegara hasta el cielo, ya estaban demasiado comprometidos para abandonar los trabajos y la ciudad.

En todas las leyendas y cantos de esa ciudad está el anhelado vaticinio de un día en el que cinco golpes sucesivos de un puño gigantesco aniquilarán la ciudad. Por esa causa existe un puño en el escudo de armas.

DE LAS ALEGORÍAS*

La gran mayoría se queja de que las palabras de los sabios sean siempre alegorías, inaplicables a la vida cotidiana, y esto es lo único que poseemos. Cuando el sabio dice: "Ve hacia allá", no quiere decir que uno deba pasar al otro lado, que siempre sería posible si la meta así lo justificase, sino que se refiere a un allá legendario, algo que nos es desconocido, que tampoco puede ser precisado por él con mayor exactitud y que, por tanto, de nada puede servirnos aquí. En realidad, todas esas alegorías sólo quieren significar que lo inasequible es inasequible, lo que ya sabíamos. Pero aquello en que diariamente gastamos nuestras energías, son otras cosas.

A este propósito dijo alguien: —¿Por qué os defendéis? Si obedecierais a las alegorías, os habríais convertido en tales, con lo que os hubierais liberado de la fatiga diaria.

Otro dijo: —Apuesto a que eso es también una alegoría.

Dijo el primero: —Has ganado.

Dijo el segundo: —Pero por desgracia, sólo en lo de la alegoría.

El primero dijo: —En verdad, no; en lo de la alegoría, has perdido.

---

* Se encontró en un cuaderno en cuarto del año 1922.

¡OLVÍDALO!

Era la madrugada. Las calles estaban limpias y desiertas. Me dirigía hacia la estación. Al confrontar mi reloj con el de la torre comprendí que era más tarde de lo que pensaba y que debía apurarme. La impresión que me causó este retraso me hizo sentir inseguro de mi camino ya que aún no conocía bien aquella ciudad. Por fortuna había un policía cerca. Corrí hacia él y le pregunté jadeante que me indicara el camino. Se sonrió y me dijo:

—¿Quiere conocer el camino?

—Sí —dije—, no puedo hallarlo por mí mismo.

—Olvídalo, olvídalo —dijo, y se volvió con brusquedad, como alguien que quiere reír a solas.

UNA PEQUEÑA FÁBULA

—¡Ay! —dijo el ratón—. El mundo se hace cada día más pequeño. Al principio era tan grande que le tenía miedo; corría y corría y por cierto que me alegraba ver esos muros, y siniestra, en la diestra la distancia. Pero esas paredes se estrechan tan rápido que me encuentro en el último cuarto y ahí en el rincón está la trampa, sobre la cual debo pasar.

—Todo lo que debes hacer es cambiar de rumbo —dijo el gato, y se lo comió.

POSEIDÓN

Poseidón se sentó ante su mesa de trabajo y revisó las cuentas. La administración de todos los océanos lo tenía muy atareado. Podía emplear los asistentes que quisiera, y por cierto tenía muchos, pero responsable, como era, insistía en revisar personalmente cuenta por cuenta, así que sus asistentes de poco le servían. No diría que le deleitaba este trabajo, lo hacía simplemente porque se le había asignado. Es cierto que ya con frecuencia había pedido una tarea más animada, pero entre los varios trabajos que le fueron sugeridos, se observó que su disposición natural era para su presente empleo. Ni decirlo, sería difícil conseguirle otra ocupación. Tampoco pensar en ponerlo a administrar determinado mar. Dejando a un lado que la tarea no sería más fácil, sólo inferior, el gran Poseidón, por el contrario, debía obtener un puesto más importante. Cuando se le ofreció un cargo sin afinidad a las aguas, la sola idea lo enfermó, su aliento divino decayó y su broncíneo torso comenzó a jadear. Lo cierto era que nadie tomaba muy en serio las quejas de Poseidón, pero cuando alguien de su poderosa talla se lamenta, por lo menos se debe simular que se lo escucha, aunque sea una situación sin perspectivas. Realmente, nadie pensaba en separar a Poseidón de su cargo; desde los orígenes estaba destinado a ser el dios de los mares y eso no podía ser modificado.

Lo que más le irritaba —y esto era lo que lo indisponía con su trabajo—, eran los rumores que circulaban sobre él. Por ejemplo, que constantemente cabalgaba, sobre las olas con su tridente, como un cochero, cuando la verdad era que se encontraba sentado en las profundidades de los océanos sin terminar nunca con sus cuentas. La única interrupción a esa monotonía era, de vez en cuando, un viaje hasta Júpiter, del cual siempre regresaba exasperado. De ahí que casi no conocía los océanos, sólo los había visto en sus furtivas ascensiones al Olimpo. Y no se podía afirmar que realmente los hubiera navegado. Acostumbraba decir que lo haría cuando el mundo tocara a su fin. Sólo para entonces tendría un momento de descanso. Justo antes del fin del mundo y sólo después de haber revisado la última cuenta le daría tiempo para una rápida gira.

LA PARTIDA

Ordené que trajeran mi caballo del establo. El criado no me entendió así que fui yo mismo. Ensillé el caballo y lo monté. A la distancia oí el sonido de una trompeta y pregunté al mozo su significado. Él no sabía nada; no había oído sonido alguno. En el portón me detuvo y preguntó:

—¿Hacia dónde cabalga, señor?

—No lo sé —respondí—, sólo quiero partir, sólo partir, nada más que partir de aquí. Sólo así lograré llegar a mi meta.

—¿Entonces conoce usted la meta? —preguntó él.

—Sí —contesté—. Ya te lo he dicho. Partir, ésa es mi meta.

—¿No lleva provisiones? —preguntó.

—No me son necesarias —respondí—, el viaje es tan largo que moriré de hambre si no consigo alimentos por el camino. No hay provisión que pueda salvarme. Por suerte es un viaje realmente interminable.

UNA CRUZA

Tengo un animal singular, mitad gatito, mitad cordero. Lo heredé con una de las propiedades de mi padre. Desde que está conmigo ha completado su desarrollo; antes era más cordero que gato. Ahora participa de ambas naturalezas por igual. Tiene del gato la cabeza y las uñas; del cordero el tamaño y la forma; de ambos los ojos, salvajes y chispeantes, la piel suave y ajustada al cuerpo, los movimientos a la par vivaces y furtivos. Echado al sol en el hueco de la ventana, se hace un ovillo y ronronea; en el campo corre como loco y es imposible alcanzarlo. Huye de los gatos y pretende atacar a los corderos. En las noches de luna su paseo favorito son los tejados. No sabe maullar y le repugnan las ratas. Pasa horas y horas en acecho ante el gallinero, pero no ha aprovechado jamás la ocasión de matar.

Lo alimento con leche: es lo que le sienta mejor. La sorbe a grandes tragos entre sus dientes de animal de presa. Naturalmente, constituye un gran espectáculo para los niños. Las visitas son los domingos por la mañana. Me siento con el animal en las rodillas y me hacen rueda todos los niños de la vecindad.

Escucho, entonces, las más extraordinarias preguntas, que ningún ser humano es capaz de contestar: ¿por qué hay un solo animal así? ¿por qué soy yo su poseedor y no otro?, si antes ha existido un animal parecido y qué pasará después de su muerte, si no se siente solo, porque no tiene hijos, cuál es su nombre, etcétera.

No me tomo el trabajo de responder: me limito a exhibir mi propiedad, sin grandes explicaciones. A veces las criaturas traen gatos; un día llegaron a traer corderos. Contra lo que esperaban no se registraron escenas de reconocimiento. Los animales se miraron tranquilamente con ojos animales, y se aceptaron mutuamente como un hecho natural.

Sobre mis rodillas este animal no conoce ni el miedo ni deseos de perseguir a nadie. Acurrucado contra mí es como se siente mejor. Está apegado a la familia que lo crió. Esto no puede ser considerado, desde luego, como una extraordinaria muestra de fidelidad, sino como el recto instinto de un animal que en la tierra tiene innumerables parientes políticos, pero quizá ni uno solo consanguíneo, y para el cual, por lo mismo, resulta sagrada la protección que ha encontrado entre nosotros.

A veces me da risa cuando me olfatea, se desliza por entre mis piernas y no quiere apartarse de mí. Como si no le alcanzara ser gato y cordero también le gustaría ser perro. Una vez, como le ocurre a cualquiera, no hallaba yo forma de solucionar ciertos problemas económicos y estaba a punto de terminar con todo. Con esa idea me mecía en el sillón de mi cuarto, con el animal sobre las rodillas: entonces bajé los ojos y vi lágrimas que goteaban de sus grandes bigotes. ¿Eran suyas o mías? ¿Tiene este gato de alma de cordero ambición humana? No es mucho lo que he heredado de mi padre, pero vale la pena cuidar este legado.

Tiene la inquietud de los dos, la del gato y la del cordero, aunque ambas son muy distintas. Por eso le queda estrecho el pellejo. A veces salta al sillón, apoya las patas delanteras contra mi hombro y acerca el hocico a mi oído.

Es como si me hablara, y de hecho vuelve la cabeza y me mira atentamente para observar el efecto de su comunicación. Para complacerlo hago como si hubiera entendido algo y asiento con la cabeza. Salta entonces y brinca a mi alrededor.

Quizá la cuchilla del carnicero fuese la redención para este animal, pero tengo que negárselo porque lo he recibido en herencia. Por eso tendrá que esperar hasta que se le acabe el aliento, aunque a veces me mira con razonables ojos humanos, que me tientan a obrar comprensivamente.

EL CAZADOR GRACCHUS

Sentados en el muelle, dos muchachos jugaban a los dados. Un hombre leía un diario en las escalinatas de un monumento, a la sombra del héroe que blandía la espada. Una muchacha junto a la fuente llenaba su cántaro. Un vendedor de fruta, apoyado en su mercancía, miraba hacia el mar. A través de la puerta y ventanas de una taberna se veía en el fondo a dos hombres bebiendo vino. Al frente, sentado a una mesa, el tabernero dormitaba. Una barca que se deslizaba silenciosa, como llevada por el agua, entró al pequeño puerto. Un hombre de azul, saltó a tierra y pasó las amarras a través de las argollas. Otros dos hombres, de ropa oscura con botones plateados, seguían al contramaestre sosteniendo una camilla sobre la que, cubierto con un lienzo de seda floreada, yacía ostensiblemente un hombre.

En el muelle nadie parecía ocuparse de los que estaban llegando; nadie se les acercó cuando descendieron la camilla a tierra, esperando al contramaestre, que todavía se empeñaba con las amarras; nadie les dirigió una pregunta, nadie se detuvo a observarlos siquiera.

A causa de una mujer que, con un niño de pecho, apareció en cubierta, con el cabello suelto, el conductor se retrasó todavía un poco; luego, señaló a la izquierda, hacia una casa amarillenta de dos pisos, que se levantaba junto al agua. Los portadores levantaron la carga y la condujeron por el portal, entre esbeltas columnas. Un muchachito abrió una ventana, alcanzó a observar cómo el grupo desaparecía dentro de la casa y volvió a cerrarla de inmediato. También se cerró el portal de roble oscuro cuidadosamente trabajado. Una bandada de palomas que había revoloteado alrededor del campanario descendió frente a la casa, delante del portal, como si allí se guardara su alimento. Una de ellas se elevó hasta el primer piso y picoteó el cristal de la ventana. Eran palomas vivaces, de plumaje claro; parecían bien cuidadas. La mujer de la barca, con un marcado ademán, les arrojaba granos. Ellas descendían y después de recogerlos, volaban hacia ella.

Un hombre de sombrero de copa con cintillo de luto se acercaba por una de las callejuelas que, estrechas e inclinadas, conducían al puerto. Miraba atentamente en derredor; todo parecía interesarle; los desperdicios que había en un rincón, produjeron en su rostro una mueca de desagrado. En las escalinatas del monumento había cáscaras de fruta que quitó al pasar, empuñándolas con su bastón. Golpeó el portón de la casa; al mismo tiempo tomó el sombrero de copa con la diestra enguantada de negro. Se le abrió de inmediato; cincuenta niños se alinearon a lo largo del pasillo haciendo reverencias a su paso.

El barquero descendió las escaleras para saludar al señor y lo condujo hacia arriba; en el primer piso atravesaron el patio rodeado de leves arcadas que sostenían la galería, y seguidos por los niños a respetuosa distancia, penetraron en una fresca habitación del ala posterior de la casa. Desde allí no se podían ver edificios, tan sólo un paredón de roca negruzca. Los portadores estaban ocupados en instalar y encender algunos cirios a la cabecera de la camilla, no por ello se intensificó la luz, sólo comenzaron a temblar las sombras, agitándose sobre las paredes. Habían replegado el lienzo que cubría la camilla. Sobre ella yacía un hombre bronceado, de pelo y barba salvajemente largos y revueltos, como correspondía a un cazador. Estaba inmóvil, con los ojos cerrados; al parecer no respiraba; a pesar de todo, sólo el conjunto de la escena indicaba que se trataba de un muerto.

El caballero se acercó a la camilla, posó su mano sobre la frente del yacente, luego se arrodilló y oró. El conductor de la barca ordenó con una seña a los portadores que abandonaran la habitación; salieron, hicieron alejarse a los niños que se habían reunido en el lugar, y cerraron la puerta. Mas este silencio no bastó al señor; miró al contramaestre, éste comprendió y salió por una puerta lateral a una habitación. De inmediato el hombre que yacía en la camilla abrió los ojos, y con una sonrisa dolorosa volvió su rostro hacia el señor y dijo:

—¿Quién eres?

Sin asombro alguno, el señor se incorporó y contestó:

—Soy el alcalde de Riva.

El hombre de la camilla asintió con la cabeza, señaló débilmente con el brazo un sillón y, cuando el alcalde hubo aceptado su invitación, dijo:

—Lo sabía, señor alcalde, pero en el primer momento siempre me olvido de todo, las ideas se me revuelven y es mejor que pregunte, a pesar de que ya sepa. También usted, al parecer, ya sabe que soy el cazador Gracchus.

—Así es —afirmó el alcalde—. Anoche me fue anunciada su llegada. Ya estábamos profundamente dormidos, cuando me despertó mi mujer: "¡Salvatore (que así me llamo) mira la paloma en la ventana!" Era realmente una paloma, pero grande como un gallo. Voló a mi oído y dijo: "Mañana llega el cazador Gracchus, muerto; recíbelo en nombre de la ciudad."

El cazador asintió con la cabeza, mojando sus labios con la punta de la lengua.

—Sí, las palomas se me adelantan. ¿Pero cree usted, señor alcalde, que debo quedarme en Riva?

—No lo podría decir aún —repuso el alcalde—. ¿Está usted muerto?

—Sí —dijo el cazador—; usted puede verlo. Hace muchos años, sí, muchísimos años, me despeñé mientras perseguía a una gamuza en la Selva Negra (eso queda en Alemania). Desde entonces estoy muerto.

—Pero usted vive también —dijo el alcalde.

—En cierta forma —dijo el cazador—; en cierta forma también vivo. Mi barca mortuoria erró el viaje, un viraje en falso del timón, un instante de descuido del conductor, un rodeo a través de mi bellísima patria, no sé qué fue, sólo sé que permanecí en la tierra y que desde entonces, mi barca surca las aguas terrenales. Así, yo, el que sólo quiso vivir en sus montañas, viajo por todos los países de la tierra.

—¿Y usted no tiene un lugar en el más allá? —preguntó el alcalde arrugando la frente.

—Siempre estoy en la gran escalera que conduce a lo alto —contestó el cazador—. En esta escalinata infinitamente amplia, estoy siempre moviéndome hacia arriba, hacia abajo, a derecha e izquierda, siempre. El cazador se volvió mariposa. No se ría.

—No me río —se atajó el alcalde.

—Muy cuerda su actitud —dijo el cazador—. Siempre estoy en movimiento. Pero, ineludiblemente, cuando tomo un gran impulso y ya vislumbro el portal en lo alto, despierto en mi barca, desoladamente varada en alguna parte de las aguas terrenales. En mi camarote, el error de mi pasada muerte me sonríe con una mueca disimulada.

Julia, la mujer del contramaestre, toca y me trae a la camilla el desayuno, del país cuyas costas estemos bordeando. Yo reposo en mi camilla; (no es muy grato contemplarme) cubierto con una mortaja sucia; pelo y barba, gris y negro se confunden desordenadamente; mis piernas están cubiertas con un mantón de mujer, de seda floreada y con largos flecos. En mi cabecera hay un cirio que me ilumina. En la pared de enfrente, el cuadrito de cierto bosquimano, que me apunta con su larga lanza y se cubre como puede con un escudo extraordinariamente decorado. En los barcos solemos encontrar cuadros muy grotescos, pero éste es uno de los más ridículos que he visto. Fuera de esto mi jaula de madera está completamente vacía. Por una escotilla lateral me llega la brisa tibia de la noche austral; desde ahí puedo oír el agua que golpea contra la barca.

"Aquí estoy desde entonces, cuando siendo el aún vivo cazador Gracchus, me despeñé persiguiendo una gamuza en la amada Selva Negra. Todo sucedió según el orden natural. La perseguí, caí, me desangré en un barranco, morí, y esta barca debía llevarme al más allá. Me acuerdo todavía cuán alegremente me estiré por primera vez en esta camilla. Nunca las montañas habían escuchado de mí un canto más festivo que el que oyeron estas cuatro paredes, entonces aún vagas.

"Había vivido alegre, y alegre morí; alegre arrojé ante mí el morral, la caja y la escopeta, que siempre había llevado con orgullo, antes de pisar la borda y deslizarme en la mortaja, como una chiquilla en su vestido de novia. Aquí yacía y esperaba, después sucedió la desgracia.

—Triste destino —dijo el alcalde como defendiéndose de una mano levantada—. ¿Y usted no habrá tenido alguna culpa?

—En absoluto —dijo el cazador—; fui cazador. ¿Puede culpárseme por eso? Me apostaron como cazador en la Selva Negra, que todavía entonces albergaba lobos. Yo acechaba, disparaba, acertaba en mi blanco, le quitaba la piel; ¿puede culpárseme por eso? Mi trabajo era bendito. Me llamaban "el gran cazador de la Selva Negra". ¿Tengo alguna culpa?

—No soy yo el más indicado para decirlo —dijo el alcalde—, pero no me parece que tenga ninguna culpa. ¿Pero quién es culpable entonces?

—El barquero —dijo el cazador—. Nadie leerá lo que escribo aquí, nadie vendrá a ayudarme; y si fuera un deber ayudarme, entonces todas las puertas de todas las casas permanecerían cerradas, todas las ventanas cerradas, todos se meterían en las camas cubiertos con las mantas hasta la cabeza, toda la tierra se convertiría en una oscura posada. Nadie sabe de mí y, aun cuando alguien supiera, no sabría mi paradero, y si supiera el paradero, no sabría cómo retenerme allí, cómo ayudarme. La idea de quererme ayudar es una enfermedad y debe guardarse cama para curar de ella.

"Y como lo sé no grito pidiendo ayuda ni aun en los instantes en que —como precisamente ahora, sin dominarme—pienso intensamente en ello. Pero me basta para alejar esos pensamientos mirar a mi alrededor y darme cuenta de dónde estoy —y puedo afirmarlo—, dónde moro desde hace siglos.

—Extraordinario —dijo el alcalde—, extraordinario... ¿Y ahora piensa quedarse con nosotros en Riva?

—No pienso —dijo el cazador sonriendo, y para atenuar el sarcasmo, puso la mano sobre la rodilla del alcalde—. Estoy aquí, no sé más; no puedo hacer otra cosa. Mi barca carece de timón, viaja con el viento que sopla en las regiones inferiores de la muerte.

FRAGMENTO PARA EL CAZADOR GRACCHUS

—¡Cómo, cazador Gracchus! ¿Hace siglos que viajas en esa lancha vieja?

—Hace mil quinientos años.

—¿Y siempre en este barco?

—Siempre en esta barca. Creo que ésta es la forma apropiada de llamarla. No sabes mucho de navegación, ¿no?

—No, nunca me ocupé de eso, hasta que no te conocí, hasta que no subí a tu barco.

—Nada de disculpas. Yo también soy de tierra adentro. No era marino, no quise serlo; mis amigos fueron el bosque y la montaña, y ahora soy el más viejo de los marinos, el cazador Gracchus, genio tutelar de los marineros, al que ora el grumete en las noches borrascosas, retorciendo las manos. No te rías.

—¿Reírme? De veras que no. Con gran agitación me paré ante la puerta de tu camarote, con gran agitación en mi corazón, entré. Tu natural amable me tranquiliza un poco, pero nunca podría olvidar de quién soy huésped.

—De acuerdo. De todas formas, soy el cazador Gracchus. ¿Quieres beber de mi vino? La marca me es desconocida, pero es denso y dulce; el patrón me atiende bien.

—Aún no, por favor. Estoy demasiado nervioso. Tal vez más adelante, si me toleras hasta entonces. Además no me atrevo a beber de tu vaso. ¿Quién es el patrón?

—El dueño de la barca. Estos patrones son personas excelentes. Sólo que no los entiendo. Y no me refiero a la lengua, aunque a menudo tampoco la entiendo. Pero eso es secundario. He aprendido tantos idiomas en el correr, de los siglos que podría ser intérprete entre los hombres de la antigüedad y los contemporáneos. Sino que lo que no logro comprender son sus razonamientos. Quizá tú me los puedas explicar.

—No tengo muchas esperanzas. ¿Cómo podría yo enseñarte algo, si comparado contigo soy un niño de pecho?

—No; definitivamente no. ¿Me harías el favor de portarte de un modo un poco más seguro, más íntegro? ¿Qué hago con un huésped que es una sombra? Lo soplo por la escotilla, al agua. Necesito explicaciones diferentes. Tú que rondas por ahí, tal vez me las puedas dar. Pero si te pones a temblar pegado a la mesa y olvidas lo poco que sabes, entonces, ¡adiós! Como lo digo lo siento.

—Hay algo de eso que es verdad. En efecto, soy superior a ti en algunas cosas. Trataré de controlarme. ¿Qué quieres saber?

—Mejor; mucho mejor si exageras y te imaginas que eres superior en algo. Debes comprenderme. Soy un hombre como tú, pero más viejo e impaciente, y en eso te llevo siglos de ventaja. Bien; queríamos hablar de los patrones. Atención. Y bebe para incrementar el ingenio. Sin temor, con ganas. Aún hay mucho en el cargamento.

—Estupendo vino, Gracchus. ¡A la salud del patrón!

—Lástima que falleció hoy. Descanse en paz el buen hombre. Sus hijos ya grandes, magníficos, rodeaban su lecho de muerte; la mujer se desmayó a los pies de la cama. Pero su último pensamiento fue para mí. Buen hombre, hamburgués.

—¡Por Dios! Hamburgués, ¿y tú aquí en el Sur, cómo sabes que murió hoy?

—¿Cómo no iba a enterarme de la muerte de mi patrón? ¡Qué simpleza la tuya!

—¿Quieres insultarme?

—No, de ninguna manera, fue sin querer. Pero debías de beber más y asombrarte menos. Así sucede con los patrones: al principio la barca no pertenecía a nadie.

—Gracchus; quiero pedirte un favor. Primero explícame pero en forma coherente, tu situación.

—Confieso que no la conozco. Para ti son cosas bien sabidas y supones que todo el mundo las conoce. Pero resulta que en una corta vida humana —porque la vida es corta, y quisiera que lo comprendieras— uno está ocupado en su manutención y en la de su familia. Por más interesante que resulte el cazador Gracchus —y esto no es servilismo sino convicción— uno no tiene tiempo para pensar en él, para informarse sobre él y mucho menos para preocuparse por él. Acaso en el lecho de muerte, como tu hamburgués... no sé. Tal vez en esa situación el hombre laborioso tenga, por primera vez, tiempo de estirarse y entre sus divagaciones piense en el cazador Gracchus de verdoso uniforme. Pero al contrario, como ya te dije: no sabía nada de ti, me encuentro en el puerto por asuntos de negocios, vi la barca, la plancha estaba tendida, crucé... Pero ahora me gustaría saber algo de ti.

—¡Ah! ¡Esas antiguas historias! Todos los libros están repletos de ellas; en todas las escuelas los maestros las dibujan en el pizarrón, las sueña la madre mientras da el pecho al niño, las secretean los que se abrazan, los mercaderes las comentan a sus clientes, los soldados las cantan durante su marcha, el sacerdote las grita durante el sermón, los historiadores —boquiabiertos— las descubren en sus habitaciones tal como sucedieron hace mucho y las describen sin cesar; están impresas en los diarios y pasan de mano en mano; el telégrafo fue inventado para que dieran la vuelta al mundo más rápidamente, se las exhuma con las ciudades desaparecidas y el ascensor sube con ellas al techo del rascacielos. Los pasajeros las proclaman desde las ventanillas de los trenes en los lejanos países que surcan, pero aún antes las aúllan los salvajes; están escritas en las estrellas y los mares devuelven su reflejo; los torrentes las bajan de las montañas y la nieve las esparce en las cimas, y tú hombre, estás ahí sentado y las preguntas ¡Qué juventud particularmente desperdiciada debes haber tenido!

—Posiblemente; eso es común entre todos los jóvenes. También a ti creo que te haría bien una vuelta por el mundo, con los ojos abiertos. Por asombroso que te parezca, casi me parece extraño a mí también; nadie habla sobre ti; son muchos los temas, pero tú no estás en ellos; tú sigues tu viaje, pero hasta donde yo sé, ninguno se ha cruzado contigo.

—Ese es tu punto de vista; otros han dado el suyo. Sólo hay dos posibilidades. O tú guardas deliberadamente lo que sabes con algún propósito, en tal caso estás equivocado, te lo digo con franqueza, o supones que realmente no me recuerdas porque confundes mi historia con otra, y si ese es el caso, sólo puedo decirte... No, no puedo; todo el mundo lo sabe, ¿y precisamente yo tenía que contártelo? ¡Hace tanto tiempo! ¡Pregúntales a los historiadores! ¡Vete y vuelve más adelante! ¡Hace tanto tiempo! Mi cerebro está tan sobrecargado ¡cómo iba a recordar algo!

—Un segundo, Gracchus, te preguntaré; eso te ayudará. ¿De dónde eres?

—Todo el mundo lo sabe; de la Selva Negra.

—Muy bien; de la Selva Negra. ¿Y allí has sido cazador en el siglo cuarto?

—¡Hombre! ¿Conoces la Selva Negra?

—No.

—Realmente, no sabes nada. El hijo del timonel conoce más que tú. ¿Quién te habrá invitado? Es una desgracia. Estaba más que justificada tu modestia. Eres la nada llena de vino. ¡Ni siquiera conoces la Selva Negra, y yo nací allí! Allí cacé hasta los veinticinco años. Si no me hubiera tentado la gamuza —bien, ya te enteraste—, habría tenido una vida de cazador, larga y hermosa, pero me tentó la gamuza, me despeñé estrellándome contra las rocas. No preguntes más. Aquí estoy, muerto, muerto. No sé por qué estoy aquí. Como es usual, me cargaron en la barca mortuoria; era sólo un muerto, hicieron los manejos de costumbre, como con cualquiera, ¿por qué hacer una excepción con el cazador Gracchus?, todo estaba en orden. Y yo yaciente en la barca.

UN GOLPE A LA PUERTA DEL CORTIJO*

Fue un caluroso día de verano. Mi hermana y yo pasábamos frente a la puerta de un cortijo que estaba en el camino de regreso a casa. No sé si golpeó esa puerta por travesura o distracción. No sé si tan sólo amenazó con el puño sin llegar a tocarla siquiera. Cien metros más adelante, junto al camino real que giraba a la izquierda, empezaba el pueblo. No lo conocíamos, pero al cruzar frente a la casa que estaba inmediatamente después de la primera, salieron de ahí unos hombres haciéndonos señas amables o de advertencia; estaban asustados, encogidos de miedo. Señalaban hacia el cortijo y nos hacían recordar el golpe contra la puerta. Los dueños nos denunciarían e inmediatamente comenzaría el sumario. Yo permanecía tranquilo, calmaba a mi hermana. Posiblemente ni siquiera había tocado, y si en realidad lo había hecho, nadie podría acusarla por eso. Intenté hacer entender esto a las personas que nos rodeaban; me escuchaban pero absteniéndose de emitir juicio alguno. Después dijeron que no sólo mi hermana, sino también yo sería acusado. Yo asentía, sonriente, con la cabeza. Todos volvíamos nuestra vista atrás, hacia el cortijo, tan atentamente como si se tratara de una lejana cortina de humo tras la cual fuera a aparecer un incendio. Lo que pronto vimos, en realidad, fue a unos jinetes que entraron por el portón del cortijo. Una polvareda, al levantarse,

* Por su atmósfera recuerda *El proceso*. Data de 1919.

lo cubrió todo; sólo brillaban las puntas de las enormes lanzas. Apenas la tropa había desaparecido en el patio, cuando debió, al parecer, hacer que sus corceles dieran la vuelta, pues volvió a salir en dirección nuestra. Aparté a mi hermana de un empujón, yo me encargaría de poner todo en orden. Ella no quiso dejarme solo. Le expliqué que para que se viera mejor vestida ante los señores debía, al menos, cambiarse de ropas. Por fin me hizo caso e inició el largo camino a casa. Ya estaban los jinetes junto a nosotros y casi al tiempo de apearse preguntaron por mi hermana. "No está aquí de momento" fue la temerosa respuesta, "pero vendrá más tarde". La contestación se recibió con indiferencia. Parecía que ante todo, lo importante era haberme encontrado. Destacaban, de entre ellos, el juez, un hombre joven y vivaz, y su silencioso ayudante llamado Assmann. Me invitaron a pasar a la taberna campesina. Lentamente, balanceando la cabeza, jugando con los tiradores, comencé a caminar bajo las miradas severas de los señores. Aún creía que una sola palabra sería suficiente para que yo, que vivía en la ciudad, fuese liberado, incluso con honores, en ese pueblo campesino. Pero después de atravesar el umbral de la puerta, pude escuchar al juez que se acercó a recibirme: "Este hombre me da lástima". Sin duda alguna, no se refería con esto a mi estado actual sino a lo que me esperaba en el futuro. La habitación se parecía más a la celda de una prisión que a una taberna rural. De las grandes losas de la pared, oscura y sin adornos, pendía, en alguna parte, una argolla de hierro, y en el centro de la habitación algo que era medio catre y medio mesa de operaciones.

¿Podría yo respirar otros aires que los de una cárcel? He aquí el gran dilema. O, mejor dicho, lo que sería el gran dilema, si yo tuviera alguna perspectiva de ser dejado en libertad.

EL PUENTE

Yo era rígido y frío, yo estaba tendido sobre un precipicio; yo era un puente. En un extremo estaban las puntas de los pies; al otro, las manos, aferradas; en el cieno quebradizo clavé los dientes, afirmándome. Los faldones de mi chaqueta flameaban a mis costados. En la profundidad rumoreaba el helado arroyo de las truchas. Ningún turista se animaba hasta estas alturas intransitables, el puente no figuraba aún en ningún mapa. Así yo yacía y esperaba; debía esperar. Todo puente que se haya construido alguna vez, puede dejar de ser puente sin derrumbarse.

Fue una vez hacia el atardecer —no sé si el primero y el milésimo—, mis pensamientos siempre estaban confusos, giraban siempre en redondo; hacia ese atardecer de verano, cuando el arroyo murmuraba oscuramente, escuché el paso de un hombre. A mí, a mí. Estírate puente, ponte en estado, viga sin barandales, sostén al que te ha sido confiado. Nivela imperceptiblemente la inseguridad de su paso; si se tambalea, date a conocer y, como un dios de la montaña, ponlo en tierra firme.

Llegó y me golpeó con la punta metálica de su bastón, luego alzó con ella los faldones de mi casaca y los acomodó sobre mí. La punta del bastón hurgó entre mis cabellos enmarañados y la mantuvo un largo rato ahí, mientras miraba probablemente con ojos salvajes a su alrededor. Fue entonces —yo soñaba tras él sobre montañas y valles— cuando saltó, cayendo con ambos pies en mitad de mi cuerpo. Me estremecí en medio de un salvaje dolor, ignorante de lo que pasaba. ¿Quién era? ¿Un niño? ¿Un sueño? ¿Un salteador de caminos? ¿Un suicida? ¿Un tentador? ¿Un destructor? Me volví para poder verlo. ¡El puente se da la vuelta! No había terminado de volverme, cuando ya me precipitaba, me precipitaba y ya estaba desgarrado y ensartado en los puntiagudos guijarros que siempre me habían mirado tan apaciblemente desde el agua veloz.

DE NOCHE

¡Hundirse en la noche! Así como a veces se sumerge la cabeza en el pecho para reflexionar, sumergirse por completo en la noche. Alrededor duermen, los hombres. Un pequeño espectáculo, un autoengaño inocente, es el de dormir en casas, en camas sólidas, bajo techo seguro, estirados o encogidos, sobre colchones, entre sábanas, bajo mantas; en realidad se han encontrado reunidos como antes una vez y como después en una comarca desierta: un campamento al raso, una inabarcable cantidad de personas, un ejército, un pueblo bajo un cielo frío, sobre una tierra fría, arrojados al suelo allí donde antes se estuvo de pie, con la frente contra el brazo, y la cara contra el suelo, respirando pausadamente. Y tú velas, eres uno de los vigías, hallas al prójimo agitando el leño encendido que cogiste del montón de astillas, junto a ti. ¿Por qué velas? Alguien tiene que velar, se ha dicho. Alguien tiene que estar ahí.

EL TIMONEL

—¿Acaso no soy timonel? —exclamé.

—¿Tú? —preguntó un hombre alto y moreno, y se pasó la mano por los ojos, como si disipara un sueño.

Yo había estado al timón en noches oscuras, la débil luz del farol sobre mi cabeza, y ahora había venido aquel hombre y quería apartarme. Y como yo no cediera, me puso el pie en el pecho y me empujó lentamente contra el suelo, mientras yo seguía aferrado al timón y lo arrancaba al caer. Entonces el hombre se apoderó de él, lo puso en su lugar y me dio un empujón, alejándome. Me rehice de inmediato fui hasta la escotilla que llevaba a la cámara de la tripulación y grité:

—¡Tripulantes! ¡Camaradas! ¡Venid pronto! ¡Un extraño me ha quitado el timón!

Llegaron lentamente, subiendo por la escalerilla, eran unas formas poderosas, oscilantes, cansadas.

—¿No soy yo el timonel? —pregunté.

Asintieron, pero sólo tenían miradas para el extraño, a quien rodeaban en semicírculo, y cuando con voz de mando él dijo: "No me molestéis", se reunieron, me observaron asintiendo con la cabeza y bajaron otra vez la escalerilla. ¿Qué pueblo es éste? ¿Piensan también, o sólo se arrastran sin sentido sobre la tierra?

EL TROMPO

Un filósofo solía frecuentar los juegos de los niños. Y cuando veía a un chico con un trompo, se ponía al acecho. Apenas estaba el trompo en movimiento, el filósofo lo perseguía para atraparlo. Que los niños hicieran bulla y procurasen alejarlo de su juego le tenía sin cuidado, y era feliz sujetándolo mientras giraba, pero esto duraba sólo un instante, entonces lo arrojaba al suelo y se marchaba. Creía, en efecto, que el conocimiento de cualquier bagatela, como por ejemplo un trompo que giraba sobre sí mismo, bastaba para alcanzar el conocimiento de lo general. De ahí que se desentendiera de los grandes problemas, que no le parecían provechosos. Conocer realmente la bagatela más insignificante era conocer el todo, por lo cual se ocupaba tan sólo del trompo casi inmóvil. Y cuando se hacían los preparativos para hacer girar el trompo, tenía siempre la esperanza de que todo saliera bien y, si el trompo giraba, en medio de las carreras sin aliento, su esperanza se convertía en certeza, pero cuando se quedaba con el inmóvil trozo de madera en la mano, se sentía mal, y el griterío de los niños, que hasta entonces no oyera y que ahora, de súbito, le atronoba los oídos, lo arrojaba fuera de allí, y se tambaleaba como un trompo bajo una cuerda torpe.

UNA CONFUSIÓN COTIDIANA

Un problema cotidiano, del que resulta una confusión cotidiana. A tiene que concretar un negocio importante con B en H, Se traslada a H para una entrevista preliminar, emplea diez minutos en ir y diez en volver, y en su hogar se enorgullece de esa velocidad. Al día siguiente vuelve a H, esa vez para cerrar el negocio. Ya que probablemente eso le insumirá muchas horas. A sale temprano. Aunque las circunstancias (al menos en opinión de A) son precisamente las de la víspera, tarda diez horas esta vez en llegar a H. Lo hace al atardecer, rendido. Le comunicaron que B, inquieto por su demora, ha partido hace poco para el pueblo de A y que deben haberse cruzado por el camino. Le aconsejan que aguarde. A, sin embargo, impaciente por la concreción del negocio, se va inmediatamente y retorna a su casa.

Esta vez, sin prestar mayor atención, hace el viaje en un rato. En su casa le dicen que B llegó muy temprano, inmediatamente después de la salida de A, y que hasta se cruzó con A en el umbral y quiso recordarle el negocio, pero que A le respondió que no tenía tiempo y que debía salir en seguida.

Pese a esa incomprensible conducta, B entró en la casa a esperar su vuelta. Ya había preguntado muchas veces si no había regresado todavía, pero continuaba aguardando aún en el cuarto de A. Contento de poder encontrarse con B y explicarle todo lo sucedido, A corre escaleras arriba. Casi al llegar, tropieza, se tuerce un tobillo y a punto de perder el conocimiento, incapaz de gritar, gimiendo en la oscuridad, oye a B —tal vez ya muy lejos, tal vez a su lado— que baja la escalera furioso y desaparece para siempre.

EL JINETE DEL CUBO*

Todo el carbón se había consumido; vacío el cubo; la pala, sin objeto ya; la chimenea respirando frío; el cuarto lleno de soplo de la helada; ante la ventana, árboles rígidos de escarcha; el cielo, un escucho de plata vuelto hacia aquel que le pida ayuda. Necesito carbón; no debo congelarme; detrás de mí la chimenea inhospitalaria, ante mí, el cielo igualmente despiadado: deberé cabalgar entre ambos y en medio de ambos pedir ayuda al carbonero. Pero ante mis súplicas habituales él se ha endurecido ya; debo probarle exactamente que no me queda ni el más leve polvillo de carbón y que, por lo tanto, él es para mí como el sol de los cielos. Debo actuar como el mendigo hambriento que decide expirar en el umbral de la puerta y a quien, por eso, la cocinera de los señores se decide a dar el poso del último café; así también, furioso, pero a la luz del mandamiento "no matarás", el carbonero tendrá que echarme una palada en el cubo.

Mi ascensión lo va a decidir; por eso voy hacia allí montado en el cubo. Jinete del cubo, y puesta la mano en el asa, tiendas harto sencillas, desciendo penosamente la escalera; pero una vez abajo, mi cubo asciende; ¡magnífico!, ¡magnífico!; los camellos echados en tierra no se levantan sacudiéndose con más belleza bajo el palo del guía. Mar-

* Debió formar parte de Un médico rural, pero luego Kafka lo publicó en *Prager Presse*, 1921.

chamos al trote por la callejuela helada; con frecuencia me veo alzado hasta el primer piso; nunca llego a descender hasta la puerta de la calle. Ante el abovedado sótano del carbonero floto a extraordinaria altura, en tanto él, allá abajo, escribe, encogido ante su mesita; para dar paso al calor excesivo ha abierto la puerta.

—¡Carbonero! —gritó, con voz hueca, quemada por el frío y oculto por las nubes de mi aliento lleno de humo—, por favor, carbonero, dame un poco de carbón. Mi cubo está vacío, ya no puedo cabalgar sobre él. Sé bueno. Tan pronto pueda, te pagaré.

El carbonero se lleva la mano al oído.

—¿Oigo bien? —pregunta por sobre el hombro a su mujer, que teje sentada en el banco de la chimenea—, ¿oigo bien? Un cliente.

—No oigo nada —dice la mujer, respirando con tranquilidad por encima de las agujas de tejer, con un agradable calorcillo en la espalda.

—¡Oh, sí! —exclamó—. Soy yo; un viejo cliente; un seguro servidor; sólo que momentáneamente sin medios.

—Mujer —dice el carbonero—, ahí hay alguien, hay alguien; no puedo equivocarme hasta ese extremo; tiene que ser un cliente antiguo, muy antiguo, para que así me hable al corazón.

—¿Qué te pasa hombre? —dice la mujer, y aprieta su labor contra el pecho, descansando por un instante—. No hay nadie, la calle está vacía y toda nuestra clientela está ya servida; podemos cerrar el negocio por unos días y descansar.

—Pero yo estoy aquí, sobre el cubo —gritó, e insensibles lágrimas de frío velan mis ojos—. Por favor, aquí arriba; me veréis en seguida; tan sólo una palada; y si me dierais dos, me haríais más que feliz. Toda la clientela está ya provista. ¡Ah, si pudiera oírlo sonar ya en el cubo.

—Voy —dice el carbonero, y quiere subir la escalera con sus cortas piernas, pero la mujer está ya junto a él, le coge por el brazo y dice:

—Tú te quedas. Si no desistes de tu testarudez, seré yo quien suba. Acuérdate de tu tos. Pero por un negocio, aunque sólo sea imaginario, olvidas mujer e hijo y sacrificas tus pulmones. Iré yo.

—Entonces dile todas las clases que hay en depósito; yo te cantaré los precios.

—Bueno —dice la mujer, y sube hacia la calle. Como es natural, me ve en seguida.

—Señora carbonera —exclamó—, la saludo; sólo una palada de carbón; aquí, en seguida, en el cubo; yo mismo lo llevaré a casa; una palada del peor. La pagaré toda, claro está, pero no ahora, no ahora.

¡Qué tañido de campanas son esas dos palabras, "no ahora", y qué turbadora para los sentidos que se mezclan al toque del reloj que precisamente me llega desde la cercana torre de la iglesia!

—¿Qué es, pues, lo que quiere? —exclama el carbonero.

—Nada —le replica la mujer—, no hay nadie; no veo nada, no oigo nada; sólo están dando las seis y nosotros cerramos. Hace un frío terrible; es probable que mañana tengamos mucho trabajo aún.

No ve nada, no oye nada, y sin embargo, suelta la cinta de su delantal y procura alejarme con él. Por desgracia lo consigue. Mi cubo tiene todas las desventajas de un animal de silla; carece de fuerzas para resistir; es demasiado liviano; un delantal de mujer obliga a sus patas a dejar el suelo.

—¡Mala mujer! —gritó aún, mientras ella, volviéndose hacia el negocio, entre despreciativa y satisfecha, hace un gesto en el aire con la mano—. ¡Mala! Te pedí una palada del peor y no me la has dado.

Y con ello me elevo a las regiones de los pinos helados y me pierdo de vista para siempre.

EL MATRIMONIO

En general la situación de los negocios es tan mala que, a veces, cuando me desocupo un rato de la oficina, tomo la cartera de muestras y visito personalmente a los clientes. Entre otras diligencias, me había propuesto llegar alguna vez hasta lo de N., con quien antes tenía continuas relaciones comerciales que, sin embargo, en el último año, por razones que ignoro, llegaron a aflojarse casi por completo. Para tales perturbaciones en realidad no es necesario que haya motivos; en las actuales circunstancias de inseguridad a menudo esto determina una insignificancia, un matriz, y de la misma manera, una insignificancia, una palabra, puede volver a arreglarlo todo. Pero es un poco difícil avanzar hasta N. Es un hombre de edad que en los últimos tiempos estaba bastante enfermo, y que, a pesar de dirigir todavía los negocios, apenas si va a su comercio; si se le quiere ver, se debe ir hasta su domicilio, pero por lo general, prefiere aplazar una diligencia comercial de tal índole.

Sin embargo, ayer por la tarde, después de las seis, me puse en camino; ya no era hora de visita, pero la cuestión no debía juzgarse de forma social, sino comercial. Tuve suerte N. estaba en casa; acababa de regresar de dar un paseo con la esposa, como se me informó en el recibidor, y se hallaba ahora en la habitación del hijo, que se encontraba enfermo. Me invitaron a ir también allí; al principio vacilé, pero luego se impuso el deseo de terminar cuanto antes la penosa visita y me decidí tal como iba, con el abrigo puesto, sombrero y cartera en mano, me dejé conducir a través de una habitación oscura hacia otra, muy suavemente iluminada, en la que se encontraban varias personas.

En forma casi instintiva, mi mirada recayó primero en un agente de negocios, harto conocido por ser competidor mío. Se había deslizado hasta aquí, adelantándose. Estaba cómodamente instalado junto a la cama del enfermo, como si él fuese el médico; con su hermoso abrigo abierto, abullonado, daba una impresión de poder; su descaro es insuperable; algo semejante debió de pensar también el enfermo, que yacía con las mejillas enrojecidas por la fiebre y que de vez en cuando miraba hacia él. Por lo demás, el hijo ya no es joven; un hombre de mi edad, de barba corta algo descuidada por la enfermedad.

El viejo N., grande, de hombros anchos, sorprendentemente enflaquecido por su traicionero mal, encorvado e inseguro, permanecía aún como había llegado, con el abrigo puesto, y murmuraba algo en dirección a su hijo. Su señora, pequeña y frágil, aunque extremadamente vivaz, pero sólo en cuanto se refería a él —a los otros apenas si nos veía—, se hallaba ocupada en quitarle el abrigo, lo que por la diferencia de estatura entre ambos ofrecía algunas dificultades. Finalmente lo consiguió. La verdadera dificultad estaba en que N., muy impaciente, no cesaba, tanteando con sus manos inquietas, de pedir el sillón, que por fin la mujer, después de haberle quitado el abrigo, empujó con prisa hacia él. Ella misma tomó el abrigo, debajo del cual casi desaparecía, y se lo llevó.

Entonces llegada mi oportunidad, o mejor, no había llegado, no llegaría nunca aquí; en realidad, si yo todavía quería intentar algo, debía hacerlo de inmediato, porque tenía la impresión de que las posibilidades para una conversación de negocios podían empeorar. Pero no entraba en mis costumbres eternizarme en un asiento, como lo pretendía con seguridad el agente; por otra parte, no quería guardar consideraciones con éste. De modo que comencé a exponer brevemente mi asunto, a pesar de que notaba que N. tenía deseos de conversar algo con su hijo. Desgraciadamente, tengo la costumbre, cuando me excito con la conversación —y esto sucede casi en seguida y sucedió en este cuarto de enfermo antes en otras oportunidades—, de levantarme y pasear mientras hablo. En la oficina de uno, esto puede ser muy conveniente, pero es muy molesto en casa ajena. Sin embargo, no pude dominarme, sobre todo porque me faltaba el cigarrillo habitual. Por cierto, todos tenemos malos hábitos, con lo cual todavía elogio los míos en comparación con los del agente. Qué decir, por ejemplo, de que a menudo, de modo completamente inesperado, se encasquetaba el sombrero, después de haberlo mecido suavemente sobre las rodillas. Claro que al instante vuelve a quitárselo, como si hubiera sucedido por casualidad, pero de todos modos lo ha tenido un momento en la cabeza, y esto sucede a menudo. Creo que semejante comportamiento es en verdad intolerable. A mí no me molesta, voy y vengo, estoy completamente absorto por mi asunto y miro por encima de él; pero debe de haber gentes a la que la prueba con el sombrero los saca de las casillas. En mi ardor no presto atención a molestias de esta índole ni a nada; veo, sí, lo que ocurre, pero hasta que no he terminado o no oigo objeciones, en cierto modo no lo advierto. Así, por ejemplo, supe perfectamente que N. no estaba en condiciones de atender: se revolvía incómodo, las manos en los brazos del sillón, observa el vacío con expresión de búsqueda y su rostro parecía tan ausente como si ninguna de mis palabras ni la menor señal de mi presencia le llegase. Yo veía que todo este comportamiento enfermizo me daba pocas esperanzas, pero a pesar de todo seguía hablando como si tuviese todavía la intención de arreglarlo todo con palabras, con ofertas ventajosas. Yo mismo me asusté de las concesiones que hacía sin que nadie me las pidiera. Me produjo alguna satisfacción que el agente, como noté de paso, dejara por fin en paz su sombrero y cruzara los brazos sobre el pecho: mi exposición, en parte destinada a él, parecía estropear sus proyectos. La satisfacción que esto me produjo seguramente me habría incitado a seguir hablando si el hijo, al que había prestado poca atención por ser un personaje secundario, no me hubiese reducido a silencio incorporándose a medias y amenazándome con el puño. Era evidente que quería decir algo, mostrar algo, pero no tenía fuerzas suficientes. Al principio lo atribuí todo al delirio de la fiebre; pero cuando involuntariamente miré al viejo, lo comprendí todo mejor. N. estaba sentado con los ojos abiertos, vidriosos, hinchados, que sólo podían servirle unos instantes más; se inclinaba temblorosamente hacia adelante como si alguien lo sujetase o lo golpease en la nuca; el labio inferior, el maxilar mismo, colgaba inerte, mostrando las encías; todo el rostro estaba desencajado; respiraba, aunque con dificultad, pero luego, cerró los ojos, la expresión de que hacía un gran esfuerzo cruzó todavía su rostro y todo terminó. Salté hacia él, tomé con escalofrío la mano que colgaba sin vida, helada. Ya no había pulso. Todo había acabado. Ciertamente, se trataba de un hombre de edad. Ojalá el morir no nos resulte más arduo. ¡Pero cuánto había que hacer ahora! ¿Qué era lo más urgente? Miré en derredor, en busca de ayuda. Pero el hijo había subido la manta hasta cubrirse la cabeza, se oía su llanto interminable. El agente frío como un sapo, seguía firme en su sillón, visiblemente decidido a esperar a que pasara el tiempo; yo, solamente yo, quedaba para hacer algo y emprender en seguida lo más difícil: comunicar de una manera soportable, a la mujer la noticia, es decir, de una manera que no existe. Y ya oía sus pasos diligentes y arrastrados en la pieza contigua. Trajo —todavía en ropa de calle, no había tenido tiempo de cambiarse— un camisón entibiado en la estufa y quería ponérselo al marido.

—Se ha dormido —dijo moviendo la cabeza con una sonrisa al notarnos tan silenciosos.

Y con la infinita fe de los inocentes, tomó la misma mano que hacía un instante había yo tenido en la mía con desagrado y aprensión, la besó como en un pequeño juego conyugal, y —¡cómo habremos abierto los ojos los tres!— N. se movió, bostezó ruidosamente, se dejó poner el camisón, toleró con rostro de irónico disgusto los tiernos reproches de su mujer por el excesivo esfuerzo realizado en el paseo demasiado largo, y dijo, para justificar que se hubiese quedado dormido, algo relativo al aburrimiento. Después, para no enfriarse yendo a otra habitación, se acostó por el momento en la cama del hijo. Reposó la cabeza junto a los pies de éste, sobre dos almohadas rápidamente traídas por la mujer. Después de lo pasado, no encontré nada extraño en ello. Entonces pidió el diario de la tarde, lo tomó sin consideración a los visitantes, pero sin leer; le echaba sólo un vistazo nos dijo entretanto, con mirada cortante, asombrosamente comercial, algunas cosas muy desagradables acerca de nuestras propuestas, mientras que con la mano libre hacía continuamente movimientos de arrojar algo y chasqueaba la lengua, como significando la contrariedad que le provocaba nuestra conducta comercial.

El agente no pudo dejar de hacer algunas observaciones inadecuadas, en su tosquedad sentía probablemente que después de lo que había sucedido debía producirse alguna compensación. No me despedí de prisa; casi le estaba agradecido al agente; sin su presencia no hubiese tenido el valor de retirarme tan pronto.

En la antesala me encontré todavía con la señora N. Al contemplar su mísera figura le dije con sinceridad que me recordaba algo a mi madre. Y como permaneciera callada, agregué:

—Dígase lo que se quiera; podía hacer milagros. Lo que nosotros ya habíamos destruido, ella sabía componerlo. La perdí en la niñez.

Había hablado deliberadamente con exagerada lentitud y claridad, porque sospechaba que la señora era un poco sorda. Y probablemente lo era, porque preguntó sin transición:

—¿Qué le parece el aspecto de mi marido?

Por algunas palabras de despedida advertí que me confundía con el agente; creo que de otra manera hubiera sido más gentil.

Luego bajé la escalera. El descenso fue más difícil que el ascenso, y eso que éste no había sido fácil. ¡Ah, qué desdichadas diligencias comerciales hay, y uno tiene que seguir llevando la cruz!

EL VECINO

El negocio descansa por entero sobre mis hombros. Dos señoritas con sus máquinas de escribir y sus libros comerciales en la primera habitación, y una mesa de despacho, caja, butaca y teléfono constituyen todo mi aparato de trabajo. Resulta facilísimo dominarlo todo con un vistazo y dirigirlo. Soy muy joven y los negocios se acumulan a mis pies. No me quejo, no me quejo.

Desde Año Nuevo un joven ha alquilado sin vacilar la habitación contigua, pequeña y desocupada, que por tanto tiempo titubeé, con torpeza en coger. Se trata de un cuarto con antecámara y cocina. Hubiese podido utilizar el cuarto y la antecámara —mis dos empleadas se han sentido más de una vez recargadas en sus tareas—, pero ¿para qué me habría servido la cocina? Esta pequeña vacilación fue causa de que me dejara quitar la habitación. En ella está instalado ese joven. Se llama Harras. A ciencia cierta no sé lo que hace allí. Sobre la puerta dice: "Harras oficina". He pedido informes, me han dicho que se trataría de un negocio similar al mío. En realidad, no es el caso dificultarle la concesión de créditos, pues se trata de un hombre joven con aspiraciones, cuyas actividades tienen quizá porvenir, pero no se podría, sin embargo aconsejar que se le otorgue crédito, pues actualmente según todos los informes, carece de fondos. Es decir, el informe que se da por lo común cuando no se sabe nada.

A veces encuentro a Harras en la escalera, debe de tener siempre una prisa extraordinaria, pues se escabulle ante mí. Ni siquiera lo he visto bien aún, y ya tiene pronta en la mano la llave del escritorio. Al momento abre la puerta, y antes de que lo observe bien ya se ha deslizado hacia adentro como la cola de una rata y heme aquí otra vez ante el cartel "Harras, oficina", que he leído muchas más veces de lo merecido.

La miserable delgadez de las paredes, que denuncian al hombre eternamente activo, ocultan sin embargo al poco honrado. El teléfono está en la pared que me separa del cuarto de mi vecino.

No obstante, lo destaco tan sólo como algo particularmente irónico. Aun cuando colgara de la pared opuesta, se oiría todo desde la habitación vecina. Me he quitado la costumbre de pronunciar por teléfono el nombre de los clientes. Pero no se necesita mucha astucia para adivinar los nombres a través de característicos pero inevitables giros de la conversación. A veces, aguijoneando por la inquietud, bailoteo en torno al aparato, con el receptor en el oído, pero no puedo impedir que se filtren secretos.

Por supuesto, las resoluciones de carácter comercial se vuelven así inseguras y mi voz tiembla ¿Qué hace Harras mientras telefoneo? Si quisiera exagerar —lo que es preciso hacer con frecuencia para ver claro—, podría decir: Harras no necesita teléfono, utiliza el mío; ha arrimado el sofá a la pared y escucha; yo, en cambio, cuando suena el teléfono debo responder, tomar nota de los deseos de los clientes, adoptar resoluciones, sostener conversaciones de grandes proyecciones, pero, ante todo, proporcionar a Harras informes involuntarios a través de la pared.

A lo mejor ni siquiera aguarda que termine la conversación, sino que se levanta cuando se informa suficientemente sobre el caso, y se lanza, según su costumbre, a través de la ciudad. Antes de haber colgado yo el receptor, él está trabajando ya en mi contra.

LA PRUEBA

No hay trabajo para un criado. Soy medroso y no me pongo en evidencia; ni siquiera me coloco en fila con los demás, pero esto es sólo una de las causas de mi falta de ocupación; también es posible que nada tenga que ver con eso; lo importante es, en todo caso, que no soy llamado a prestar servicio; otros han sido llamados y no han hecho más gestiones que yo; y acaso ni siquiera han tenido alguna vez el deseo de ser llamados, en tanto que yo lo he sentido, a veces, con mucha intensidad.

Así yazgo, pues, en el catre del cuarto de los criados, la mirada fija en las vigas del techo, me duermo, me despierto y, en seguida, vuelvo a dormirme. A veces cruzo hasta la taberna, donde sirven cerveza agria; algunas veces por fastidio, he volcado un vaso, pero luego vuelvo a beber. Me gusta sentarme allí porque, detrás de la pequeña ventana cerrada y sin que nadie me descubra puedo contemplar las ventanas de casa. No se ve gran cosa; a la calle dan, según creo, sólo las ventanas de los pasillos, y además, no de aquellos que llevan a los cuartos de los señores; es posible también que me equivoque; alguien lo sostuvo una vez, sin que yo se lo preguntara, y la impresión general de la fachada lo confirma. Sólo de vez en cuando se abren las ventanas, y cuando esto ocurre, lo hace un criado, que se inclina también sobre el antepecho para echar un vistazo hacia abajo. Son, pues, pasillos donde no puede ser sorprendido. Por lo demás no conozco a esos criados; los que son ocupados permanentemente arriba, duermen en otro lugar; no en mi cuarto.

Una vez, al llegar a la hostelería, un huésped ocupaba ya mi lugar de observación; no me atreví a mirar en forma directa hacia donde estaba y quise volverme en la puerta para irme en seguida. Pero el huésped me llamó y, así, entonces, advertí que también era un criado al que yo había visto una vez en alguna parte aunque sin haber hablado nunca hasta entonces.

—¿Por qué quieres escapar? Siéntate aquí y bebe. Te invito.

Me senté, entonces. Me preguntó algo, pero no pude responder; ni siquiera comprendía las preguntas. Por eso le dije:

—Quizás ahora te arrepientas de haberme invitado. Me voy, pues.

Quise levantarme. Pero él extendió la mano por encima de la mesa y me retuvo en el asiento.

—Quédate —dijo—. Era sólo una prueba. Él que no responde a las preguntas la ha aprobado.

ABOGADOS

Aún no había seguridad de que yo consiguiera un abogado; tampoco había logrado averiguar nada concreto sobre el asunto. Todos aquellos rostros eran repugnantes; la mayor parte de las personas con las que me encontraba y con las que volvía a cruzarme en los pasillos una y otra vez, parecían viejas gordas; vestían inmensos delantales rayados en blanco y azul que les cubrían por entero el cuerpo; se frotaban el vientre mientras se movían con pesadez de un lado a otro. Ni siquiera podía saber si nos encontrábamos en un palacio de justicia. Habían cosas que parecían indicarlo así; muchas otras lo negaban. Pero sobre todos estos detalles, lo que más me recordaba a un tribunal era un estruendo que se oía a lo lejos sin cesar; imposible decir de qué dirección provenía; saturaba a tal punto todos los ambientes, que aparentemente procedía de todos lados; o, para ser más exacto todavía, era como si el lugar donde uno se encontrara, fuera el verdadero origen de aquel estruendo; pero con certeza, aquello era una ilusión, pues el rumor nacía a lo lejos. Esos pasillos estrechos, de sencillas bóvedas, cuyo recorrido era ligeramente sinuoso, surcado por altas puertas apenas decoradas, parecían creados para un profundo silencio; eran los pasillos de un museo o de una biblioteca. Pero si esto no era un tribunal, ¿por qué buscaba yo aquí a un abogado? Porque lo buscaba por todas partes; después de todo, en todas partes es necesario; se lo necesita más fuera de un tribunal que dentro de él, pues se supone que el tribunal dicta su sentencia según la ley. La vida sería imposible si se admitiera que aquí se procede con injusticia o basándose en datos superfluos; hay que confiar en que el tribunal deje su acción a la majestad de la ley misma: acusación, defensa y sentencia; la intervención aquí de una persona en forma individual sería un sacrilegio. Otra cosa muy distinta es la que respecta a la circunstancia de una sentencia; ésta se fundamenta en testimonios de familiares y extraños, amigos, y enemigos, en privado y en público, en la ciudad y en el campo; en síntesis en todas partes. Un abogado es aquí imprescindible; no, muchos abogados, los mejores, formando una hilera, una muralla viviente, pues los abogados son lentos por naturaleza en cambio los fiscales, esos zorros astutos, esas sagaces comadrejas, esos ratoncitos invisibles, se cuelan por los recovecos, se escabullen entre las piernas de los abogados. ¡Cuidado! Pues por eso estoy aquí; por coleccionar abogados. Pero todavía no he encontrado ninguno; sólo estas viejas gordas que van y vienen, siempre igual; de no haberme empeñado en la búsqueda, ya me habría dormido. No me encuentro en el lugar adecuado; por desgracia no puedo sustraerme a la impresión de no estar en el lugar apropiado. Debería encontrarme en un lugar donde se reuniera gente de toda clase, de distintas comarcas, estados y profesiones, de diversas edades; debería poder escoger esmeradamente entre la multitud, a los eficientes, a los amables, a aquellos que tienen una mirada para mí. Para esto posiblemente sería lo mejor una gran feria anual. En cambio, me arrastro por estos pasillos donde sólo puedo ver a estas viejas, y sólo a algunas, siempre las mismas, y aun a estas pocas a pesar de su lentitud, no logro detenerlas, se me escabullen, flotan como nubes cargadas de lluvia, totalmente empeñadas en ocupaciones extrañas. ¿Por qué entro a ciegas en un edificio, sin leer la inscripción sobre el pórtico, y me deslizo inmediatamente en los pasillos tan obstinadamente, que el recordar que alguna vez estuve afuera, ante el pórtico, se vuelve imposible? Ya ni siquiera recuerdo haber subido las escaleras. Sin embargo no puedo volver atrás; esta pérdida de tiempo, el darme cuenta del error que cometí me sería insoportable. ¿Cómo desandar las escaleras de esta vida breve, presurosa, acompañada de un estruendo que no cesa? Imposible. El tiempo que se te ha acordado es tan corto, que si pierdes un segundo pierdes tu vida entera; porque sólo es tan larga como el tiempo que pierdes. Si has comenzado, pues, un camino, sigue adelante en cualquier circunstancia: sólo puedes ganar; no corres ningún peligro; quizás al fin caigas pero si al dar los primeros pasos te hubieras arrepentido y bajado la escalera, te habrías despeñado desde el comienzo mismo; y esto no sólo es probable sino seguro. Si no hallas nada detrás de las puertas, hay otros pisos; si no encuentras nada arriba, no importa; continúa subiendo. Mientras no dejes de subir no terminarán los escalones; bajo tus pasos ascendentes, ellos crecen hacia lo alto.

REGRESO AL HOGAR

Al regresar, atravieso el zaguán y miro en derredor.

Es el viejo cortijo de mi padre. El charco en el medio. Entremezclados objetos viejos e inservibles cierran el paso hacia la escalera del granero. El gato acecha desde la baranda. Un trapo desgarrado, atado alguna vez a una barra, mientras alguien jugaba, se agita al viento. He llegado. ¿Quién me recibirá? ¿Quién espera tras de la puerta de la cocina? La chimenea humea, están preparando el café para la cena. ¿Sientes la intimidad, te encuentras como en tu casa? No lo sé, no estoy seguro. Es, la casa de mi padre pero todos están uno junto al otro, fríamente, como si estuviesen ocupados en sus asuntos, que en parte he olvidado y en parte no he conocido jamás. ¿De qué puedo servirles, qué soy para ellos, aun siendo el hijo de mi padre, el hijo del viejo propietario rural? Y no me atrevo a amar a la puerta de la cocina, y sólo escucho desde lejos, sólo desde lejos tenso sobre mis pies, pero de manera tal que no me puedan sorprender escuchando. Y porque escucho desde lejos no oigo nada, salvo una leve campanada de reloj, que quizá sólo creo oír, llegándome desde los días de la infancia. Lo que además ocurre en la cocina es un secreto que los que allí están sentados me ocultan. Cuanto más se titubea ante la puerta, más extraño se siente uno. ¿Qué tal si ahora alguien la abriese y me hiciese una pregunta? ¿Acaso yo mismo no estaría entonces, como alguien que quiere ocultar su secreto?

COMUNIDAD

Éramos cinco amigos; una vez salimos en fila de una casa; primero vino uno y se puso junto a la entrada, luego vino, o mejor dicho, se deslizó tan ligeramente como se desliza una bolita de mercurio, el segundo y se puso no lejos del primero, luego el tercero, luego el cuarto, luego el quinto. Finalmente estábamos todos de pie, en una línea. La gente se fijó, en nosotros y señalándonos, decía: todos acaban de salir de esa casa. Desde entonces vivimos juntos, y tendríamos una vida pacífica si un sexto no viniese siempre a entrometerse. No nos hace nada, pero nos molesta, lo que ya es bastante; ¿por qué se introduce por fuerza allí donde nadie lo quiere? No lo conocemos y no queremos aceptarlo nosotros. Nosotros cinco tampoco nos conocíamos antes y si se quiere, tampoco nos conocemos ahora, pero aquello que entre nosotros cinco es posible y tolerado, no es ni posible ni tolerado con respecto a aquel sexto. Además, somos cinco y no queremos ser seis. Y qué sentido, sobre todo, puede tener esta convivencia permanente, si estamos ya juntos y seguimos estándolo, pero no queremos un nuevo nexo, precisamente en razón de nuestras experiencias. Pero ¿cómo explicar esto a un sexto, puesto que las largas explicaciones significarían ya una aceptación a nuestro círculo? Es preferible no explicar nada y no aceptarlo. Por mucho que frunza los labios lo alejamos con el codo, pero por más que lo hagamos, vuelve otra vez.

EL BUITRE

Un buitre me picoteaba los pies. Ya me había desgarrado los zapatos y las medias y ahora me picoteaba los pies. Siempre tiraba un picotazo, volaba en círculos amenazadores alrededor y luego continuaba su obra. Pasó un señor, nos miró un rato y me preguntó por qué toleraba al buitre.

—Estoy indefenso —le dije—, vino y empezó a picotearme; lo quise espantar y hasta proyecté torcerle el pescuezo, pero estos animales son muy fuertes y quería saltarme a la cara. Preferí sacrificar los pies; ahora están casi hechos pedazos.

—No se debe atormentar —dijo el señor—, un tiro y el buitre se acabó.

—¿Le parece? —pregunté—, ¿quiere encargarse usted del asunto?

—Encantado —dijo el señor—, no tengo más que ir a casa a buscar mi fusil, ¿puede aguantar media hora más?

—No sé —le respondí, y por un instante me quedé rígido de dolor; después agregué—: por favor, pruebe de todos modos.

—Bueno —dijo el señor—, me apuraré.

El buitre había escuchado tranquilamente nuestro diálogo y había dejado vagar la mirada entre el señor y yo. Ahora vi que había comprendido todo: voló un poco más lejos, retrocedió para alcanzar el impulso óptimo, y, como un atleta que arroja la jabalina, encajó su pico en mi boca, profundamente. Al caer de espaldas sentí como una liberación; sentí que en mi sangre, que colmaba todas las profundidades y que inundaba todas las riberas, el buitre, irremediablemente, se ahogaba.

EL*

En ninguna ocasión se está lo suficientemente preparado, ni siquiera reprochablemente, porque ¿cómo se habría de tener tiempo para prepararse anticipadamente en esta vida tan dolorosa que exige estar presto a cada instante? Y aunque lo tuviera, ¿cómo estar preparado sin conocer el problema que hay que resolver?; es decir: ¿es realmente posible superar una prueba espontánea, imprevista, no dispuesta en forma artificial? Por eso hace tiempo que fue destrozado por las ruedas; para esta ocasión —es curioso pero confortador— estuvo menos preparado que nunca.

Cuanto hace le parece extraordinariamente nuevo, pero también, por su exagerada abundancia, improvisado, apenas soportable, incapaz de perdurar, destructor de la cadena de las generaciones, y por primera vez demoledor hasta sus últimas consecuencias de la música del mundo que hasta ahora podía al menos barruntarse. A veces, en su soberbia, teme más por el mundo que por sí mismo.

Se hubiera resignado a la prisión. Terminar preso podría constituir el objetivo de una vida. Pero era una gran jaula de rejas. Como en sus lares, el ruido del mundo, indiferente, imperioso, fluía a través de las rejas; en cierto modo era libre, podía tomar parte en todo, nada de lo que

* Anotaciones fragmentarias del año 1920.

sucedía afuera se le escapaba, hasta hubiera podido abandonar la jaula, ya que los barrotes se encontraban muy separados; ni siquiera se encontraba preso. Tenía la sensación de que por el hecho de vivir se obstruía los caminos. Y luego deducía que esa obstrucción era la prueba de su existencia.

Su propia frente le obstruye el camino; contra ella se golpea la propia frente hasta hacerla sangrar.

Se siente preso en este mundo, le falta espacio; lo acosan la pena, la debilidad, las enfermedades, las alucinaciones de los presos; ningún consuelo es bastante, precisamente por ser tan sólo consuelo, tierno y doloroso consuelo frente al brutal hecho de estar preso. Pero si se le pregunta qué es lo que desea en realidad, no sabe responder, porque no sabe —y es uno de sus argumentos más fuertes— lo que es la libertad.

Hay quien niega la pena señalando el sol; él niega al sol señalando la pena.

El movimiento ondulatorio de toda vida, de la propia y la ajena, lacerante, lento, a veces mucho tiempo detenido, pero en el fondo interminable, lo tortura porque lleva consigo la también interminable exigencia de pensar. A veces le parece que esta tortura precede a los acontecimientos. Cuando se entera de que nacerá el hijo de un amigo, reconoce que ya ha sufrido antes por ello como pensador.

Por una parte ve algo inimaginable sin cierto bienestar, algo sereno y henchido de vida: la meditación, valoración, el análisis, la extraversión. Las posibilidades son infinitas.

Hasta un ciempiés necesita una grieta suficientemente amplia para instalarse; aquellos actos, en cambio, no requieren espacio, pueden coexistir por millares, compenetrándose, sin necesidad de la menor grieta. Pero por otra, ve también el instante en que, llamado a rendir cuentas sin conseguir articular palabra, es rechazado de nuevo hacia la contemplación... y ya sin la posibilidad de chapotear en ellos, se hunde con una maldición.

Se trata de lo siguiente: hace muchos años me senté en la ladera del monte Laurenzi. Bastante triste, analizaba mis deseos. Me pareció más importante o atrayente el de lograr una concepción de la vida (y, ambas cosas estaban necesariamente ligadas, convencer a los demás de ella), una concepción en que la vida conservara todo su peso, sus altibajos naturales, pero en que fuera también reconocida, con no menor precisión, como nada, como un sueño, como un algo leve y fluctuante. Acaso un hermoso deseo si lo hubiese deseado completamente. Algo como el goce de ensamblar una mesa a la perfección, de acuerdo con las reglas del arte; y al mismo tiempo no hacer nada, pero en tal forma que no se pudiese decir: "el martillear no es nada para él", sino que hubiera que decir: "el martillear es para él un verdadero martillear y al propio tiempo nada", con lo cual el martillear se tornaría aún más audaz, más decidido, más real y, si lo deseas, más delirante.

Pero no podía desear en esa forma, ya que ese deseo no era un deseo, era tan sólo una defensa, una certeza de la nada, un soplo de vitalidad conferido a la nada, en la que entonces apenas si aventuraba los primeros pasos conscientes, pero sintiéndola ya como su elemento. Era como una despedida del humo de apariencias de la juventud, aunque ésta nunca le había engañado directamente, sino tan sólo a través de la palabra de las eminencias. El "deseo" se hizo pues necesario.

Sólo se prueba a sí mismo, es su única demostración; todos los adversarios lo derrotan en seguida, pero no porque lo refuten (él es irrefutable), sino porque se prueban a sí mismos.

Las asociaciones humanas se basan en que alguien, por su poderosa esencia, parezca haber refutado a otros, en sí irrefutables. Esto es dulce y consolador para aquellos; pero como falta la verdad no puede ser duradero.

Antes formó parte de un grupo monumental. En torno a un pináculo se agrupaban en orden estudiado las figuras del guerrero, de las artes, ciencias y oficios. Uno de ellos era él. Hace tiempo que el grupo se ha disuelto; al menos él ya no lo integra. No conserva ya su antiguo oficio, ha olvidado cuál era su papel. Precisamente por este olvido le sobreviene una cierta tristeza, inseguridad, inquietud, una cierta nostalgia de los tiempos pasados que oscurecen el presente, y sin embargo esta nostalgia es un importante elemento de la fuerza vital o acaso ella misma.

No vive por su existencia personal, no piensa en razón de su propio pensamiento. Es como si viviera y pensara bajo la presión de una familia para la cual, a pesar de ser enormemente rica en energías vitales y de pensamiento, él constituye una necesidad, en virtud de una ley desconocida. Por esta familia y por estas leyes desconocidas es imposible despedirlo.

El pecado original, la vieja culpa del hombre, consiste en el reproche que formula y en que reincide, de haber sido él la víctima de la culpa y del pecado original.

Frente a las vitrinas de Cassinelli dos niños bien vestidos (un niño de unos seis años y una niña de siete), hablaban de Dios y del pecado. Me detuve tras ellos. La niña, tal vez católica, sólo consideraba pecado mentir a Dios. El niño, quizá protestante, preguntaba empecinado qué era entonces mentir a los hombres o robar.

—También un enorme pecado —dijo la niña—, pero no el más grande. Sólo los pecados contra Dios son los verdaderamente grandes; para los pecados contra los hombres tenemos la confesión. Si me confieso, aparece el ángel a mis espaldas; pero si peco aparece el diablo, aunque no se lo vea. —Entonces la niña, como cansada de tanta seriedad, se volvió y dijo en broma: —¿Ves? No hay nadie detrás de mí.

El niño, a su vez, se volvió y me vio.

—¿Ves? —dijo sin tener en cuenta que yo lo oía—, detrás de mí está el diablo.

—Ya lo veo —le respondió la niña—, pero no me refiero a ése.

No busca consuelo, no porque no lo quiera —¿quién no lo quiere?—, sino porque buscar consuelo significa dedicar la vida a ello; vivir al borde de la existencia, fuera de ella, ya sin saber casi para quién se busca consuelo y sin estar ya en condiciones de buscar consuelo eficaz, no digo verdadero, que no lo hay.

Se resiste a dejarse medir por los demás. El hombre, por infalible que sea, ve en los otros sólo la parte que le muestra su propia mirada y su manera de pensar. Padece como todo el mundo, aunque en forma exagerada, la manía de reducirse hasta amoldarse a la mirada de los demás. Si Robinson, por consolarse o por tristeza, temor, ignorancia o nostalgia no hubiera abandonado nunca el punto más alto o mejor, más visible de la isla, pronto habría muerto; pero como, sin preocuparse de los barcos y de sus débiles catalejos, comenzó a explorar su isla y a encontrar alegría en ella, sobrevivió y fue finalmente encontrado, como consecuencia al menos intelectualmente, necesaria.

De tu debilidad haces una virtud.

En primer lugar, todos lo hacen; y en segundo, precisamente yo no lo hago. Dejo que mi debilidad lo siga siendo; no seco los pantanos, sigo viviendo en su vaho febril.

De ello haces precisamente tu virtud.

Como todos, ya lo dije. Por lo demás, lo hago por ti. Para que continúes siendo amable conmigo, perjudico a mi alma.

Todo le está permitido menos olvidarse de sí mismo; así todo le está vedado, menos lo que momentáneamente es necesario al todo.

La cuestión de la conciencia es una exigencia social.

Todas las virtudes son individuales, todos los vicios sociales. Lo que se hace valer como virtud social, como el amor, el desinterés, la justicia, el espíritu de sacrificio son tan sólo vicios sociales "asombrosamente" rebajados.

Entre el sí y el no que dice a sus contemporáneos y los que debiera decirles, hay más o menos la misma diferencia que entre la vida y la muerte, e igualmente inasible.

La causa de que la posteridad juzgue más acertadamente al muerto, radica en éste. La verdadera índole se desarrolla tan sólo después de la muerte. Estar muerto es para cada uno como la noche del sábado para el deshollinador. Le quita el hollín al cuerpo. Y queda aclarado si los contemporáneos le han hecho más daño a él o él a ellos. En el último caso fue gran hombre.

Siempre tenemos fuerzas para negar, la más natural manifestación del espíritu de lucha, siempre cambiante, renovado, que nace y que muere; pero nos falta valor para ello, cuando en realidad la vida es negación, es decir negación afirmativa.

No muere con la atrofia de sus pensamientos. Atrofiarse es sólo una manifestación del mundo interior (que permanece aunque sólo sea pensamiento), una manifestación natural como cualquier otra, ni alegre ni triste.

La corriente contra la cual se afana es tan veloz que en algún momento de distracción puede desesperarse por la estéril quietud en que flota; tan atrás ha sido arrastrado en un instante de postración.

Tiene sed y un simple arbusto lo separa del manantial. Pero está formado por dos partes. Una vigila el conjunto, ve que está aquí y la fuente al lado; la otra a lo sumo sospecha que la primera lo ve todo. Pero como no advierte nada, no puede beber.

Ni audaz ni temerario, tampoco cobarde. La vida libre no le acobardaría. Claro que tal género de vida no se le ha presentado, pero tampoco esto le preocupa, como en general no se preocupa de sí en absoluto, pero hay alguien desconocido que se preocupa por él, tan sólo por él. Y esas preocupaciones de ese alguien desconocido, y en especial su constancia, son las que en horas silenciosas le causan una terrible jaqueca.

Cierta pesadez le impide erguirse, la sensación de estar protegido, de yacer en un lecho preparado para él, y que le pertenece exclusivamente; pero no puede descansar, la intranquilidad le expulsa del lecho, se lo impide la conciencia, el corazón que late sin cesar, el temor a la muerte y el deseo de refutarlo. Torna a levantarse. Esta agitación y algunas observaciones al sesgo, casuales, fugitivas, constituyen su vida.

Tiene dos enemigos: el primero lo amenaza por detrás, desde las fuentes; el segundo le cierra el camino hacia adelante. Lucha con ambos. En realidad, el primero lo apoya en su lucha contra el segundo, quiere impulsarlo hacia adelante y de la misma manera el segundo lo apoya en su lucha contra el primero, lo empuja hacia atrás. Pero esto es solamente teórico. Porque aparte de los adversarios también existe él, ¿y quién no conoce sus intenciones? Siempre sueña que en un momento de descuido —para ello hace falta una noche impensablemente oscura— puede escabullirse del frente de batalla y ser elevado, por su experiencia de lucha, por encima de los combatientes, como árbitro.

PROMETEO

Hay cuatro leyendas referidas a Prometeo. Según la primera, fue encadenado al Cáucaso por haber revelado a los hombres los secretos divinos, y los dioses mandaron águilas a devorar su hígado, que se renovaba perpetuamente.

Según la segunda, Prometeo, aguijoneado por el dolor de los picos desgarradores, se fue hundiendo en la roca hasta hacerse uno con ella.

Según la tercera, la traición fue olvidada en el curso de los siglos. Los dioses la olvidaron, las águilas la olvidaron, él mismo la olvidó.

Según la cuarta, se cansaron de esa historia insensata. Se cansaron los dioses, se cansaron las águilas, la herida se cerró de cansancio.

Quedó el inexplicable peñasco.

La leyenda quiere explicar lo que no tiene explicación.

Como nacida de una verdad, tiene que volver a lo inexplicable.

EL SILENCIO DE LAS SIRENAS

Existen métodos insuficientes, casi pueriles, que también pueden servir para la salvación. He aquí la prueba:

Para guardarse del canto de las sirenas, Ulises tapó sus oídos con cera y se hizo encadenar al mástil de la nave. Aunque todo el mundo sabía que este recurso era ineficaz, muchos navegantes podían haber hecho lo mismo, excepto aquellos que eran atraídos por las sirenas ya desde lejos. El canto de las sirenas lo traspasaba todo, la pasión de los seducidos habría hecho saltar prisiones más fuertes que mástiles y cadenas. Ulises no pensó en eso, si bien quizás alguna vez, algo había llegado a sus oídos. Se confió por completo en aquel puñado de cera y en el manojo de cadenas. Contento con sus pequeñas estratagemas, navegó en pos de las sirenas con inocente alegría.

Sin embargo, las sirenas poseen un arma mucho más terrible que el canto: su silencio. No sucedió en realidad, pero es probable que alguien se hubiera salvado alguna vez de sus cantos, aunque nunca de su silencio. Ningún sentimiento terreno puede equiparse a la vanidad de haberlas vencido mediante las propias fuerzas.

En efecto, las terribles seductoras no cantaron cuando pasó Ulises; tal vez porque creyeron que a aquel enemigo sólo podía herirlo el silencio, tal vez porque el espectáculo de felicidad en el rostro de Ulises, quien sólo pensaba en ceras y cadenas, les hizo olvidar toda canción.

Ulises, (para expresarle de alguna manera), no oyó el silencio. Estaba convencido de que ellas cantaban y que sólo él se hallaba a salvo. Fugazmente, vio primero las curvas de sus cuellos, la respiración profunda, los ojos llenos de lágrimas, los labios entreabiertos. Creía que todo era parte de la melodía que fluía sorda en torno de él. El espectáculo comenzó a desvanecerse pronto; las sirenas se esfumaron de su horizonte personal, y precisamente cuando se hallaba más próximo, ya no supo más acerca de ellas.

Y ellas, más hermosas que nunca, se estiraban, se contoneaban. Desplegaban sus húmedas cabelleras al viento, abrían sus garras acariciando la roca. Ya no pretendían seducir, tan sólo querían atrapar por un momento más el fulgor de los grandes ojos de Ulises.

Si las sirenas hubieran tenido conciencia, habrían parecido aquel día. Pero ellas permanecieron y Ulises escapó.

La tradición añade un comentario a la historia. Se dice que Ulises era tan astuto, tan ladino, que incluso los dioses del destino eran incapaces de penetrar en su fuero interno. Por más que esto sea inconcebible para la mente humana, tal vez Ulises supo del silencio de las sirenas y tan sólo representó tamaña farsa para ellas y para los dioses, en cierta manera a modo de escudo.

LA FATIGA

Me dijeron que instruyera a los niños. La salita estaba colmada. Muchos se apretaban de tal manera contra las paredes que el espectáculo infundía temor; sin duda se defendían de los otros y los repelían, por ese motivo la masa estaba en continuo movimiento. Sólo unos pocos niños mayores que sobresalían de los demás y no tenían nada que temer del resto, estaban tranquilamente sentados al final de la salita y miraban hacia mí.

Los azotadores estaban reunidos. Eran hombres fuertes pero delgados; estaban siempre listos, se llamaban azotadores, pero no tenían látigos sino varas en las manos; formaban una especie de saliente en la pared del fondo del lujoso salón, entre los espejos. Entré con mi novia, era una boda. Los parientes aparecieron a través de una puerta angosta que estaba frente a nosotros. Giraban hacia adelante con pasos cortos, mujeres corpulentas, a la izquierda de ellas hombrecillos enfundados en trajes de gala abotonados hasta el cuello. Algunos de mis parientes levantaron los brazos, azorados ante la novia; sin embargo, aún no se había roto el silencio.

Durante un paseo de domingo, me había alejado de la ciudad más de lo que pensaba. El hecho de estar tan lejos me impulsaba todavía más allá. Sobre un montículo había un roble viejo y retorcido, pero no muy grande. En cierta forma me recordó que ya era tiempo de regresar. Era casi noche cerrada. De pie frente al árbol, pasaba mi mano por su dura corteza y leía dos nombres grabados en ella. Los leía pero no los retenía; una terquedad pueril me mantenía allí y no me dejaba regresar, ya que no debía seguir adelante. A veces uno se encuentra prisionero de tales fuerzas; no es difícil liberarse, pues es casi como una broma que se le hace a un amigo; pero era domingo, no había nada que perder, ya estaba cansado y, por lo tanto, me rendía a todo. Luego descubrí que uno de los nombres era Joseph y recordé a un amigo del colegio que se llamaba así. En mis evocaciones era un muchachito, tal vez el más pequeño de la clase; durante varios años se había sentado en mi mismo banco. Era feo; aun a nosotros que en aquel entonces apreciábamos más la fuerza y la habilidad (y tenía ambas) nos parecía feo.

Corrimos hacia el frente de la casa. Allí estaba un mendigo, de pie, con una armónica. Su traje estaba hecho jirones como si el género para confeccionarlo, en lugar de haber sido cortado, hubiera sido arrancado de la pieza de tela. Y esto coincidía, de alguna manera, con el aspecto desmelenado del mendigo, que parecía despertar de un sueño profundo sin poder, a pesar de todos sus esfuerzos, reencontrarse consigo mismo. Era como si continuamente se durmiera y volvieran a despertarle.

Los niños no nos atrevíamos a pedirle que tocara una canción, tal como lo hacíamos con otros músicos ambulantes. Además, nos observaba todo el tiempo, como si advirtiese nuestra presencia, pero no pudiese percibirla de la manera que hubiese deseado.

Entonces esperamos que llegara nuestro padre; éste estaba en el fondo, en el taller. Transcurrió un buen rato antes de que atravesara el largo pasillo.

—¿Quién eres? — preguntó con severidad y en voz alta en la habitación de al lado; fruncía el entrecejo, tal vez estaba molesto por nuestro comportamiento hacia el mendigo, pero no habíamos hecho nada malo ni habíamos malogrado nada. Nos quedamos callados más allá de lo concebible. De todos modos todo estaba en silencio, sólo se oía el rumor del viento en las ramas del tilo que estaba frente a nuestra casa.

—Vine de Italia —dijo el mendigo, pero no a modo de respuesta, sino como confesión de una culpa. Era como si nuestro padre se hubiese convertido en su amo. Aferraba su armónica contra el pecho, como si fuera una protección.

Estaba inmóvil, miraba delante de sí mientras se mordía el labio inferior.

—Tu comportamiento es ridículo. ¿Qué te ha ocurrido? Tu negocio no es excelente, pero tampoco marcha mal; aun si fueras a la quiebra (y esto es imposible) te será fácil salir adelante de otra manera; eres joven, sano, fuerte, tienes instrucción y aptitudes comerciales, sólo debes preocuparte por ti y por tu madre. Por lo tanto, hombre, te ruego que te controles y me expliques por qué me has llamado en pleno día y por qué estás sentado así.

Hubo una breve pausa, yo estaba sentado sobre el marco de la ventana, él en un sillón, en el centro del cuarto. Finalmente continuó:

—Bien, te lo explicaré todo. Lo que has dicho era correcto, pero reflexiona: desde ayer llueve sin parar; alrededor de las cinco de la tarde —echó una mirada a su reloj— comenzó a llover y hoy a las cuatro aún llueve. Esto bien puede hacerle reflexionar a uno. En general sólo llueve en las calles, no en las habitaciones; sin embargo, esta vez parece ser al revés. Por favor, mira por la ventana; afuera todo está seco, ¿verdad? Bien. Pero aquí el agua sube sin cesar. Que suba, que suba. Es terrible, pero lo aguanto. Con un poco de buena voluntad puede tolerarse; el sillón flota un poco más alto, las circunstancias no se alteran mayormente, todo nada, y uno flota cada vez más arriba. Pero lo que no aguanto es el repiqueteo de las gotas de lluvia sobre mi cabeza. Parece una tontería, pero justamente no aguanto esa tontería, o tal vez sí, sólo que no soporto estar indefenso frente a ella. Y estoy indefenso; me pongo un sombrero, abro el paraguas, sostengo una tabla sobre mi cabeza; nada me ayuda, quizá la lluvia penetra a través de todo eso, o quizás una nueva lluvia comienza debajo del sombrero, paraguas o tabla, golpeando con la misma fuerza.

Estaba de pie frente al ingeniero de minas, en su oficina. Era una cabina de tablas, sobre un suelo yermo, barroso y toscamente nivelado. Una bombilla desnuda brillaba sobre el centro del escritorio.

—¿Quiere usted que le acepten? —preguntó el ingeniero, apoyando la frente sobre la mano izquierda y sosteniendo con la derecha la pluma sobre el papel. No era una pregunta, lo decía como para sí mismo, era un hombre joven, débil, de estatura menor que mediana; debía estar muy cansado; ojos, que por naturaleza serían pequeños y estrechos, tenían la apariencia de carecer de la fuerza suficiente como para abrirse totalmente—. Tome asiento —dijo entonces. Pero sólo había un cajón, que tenía una parte arrancada, del cual se habían sacado rodando pequeñas piezas de máquinas. Me senté sobre el cajón. Él se había separado casi por completo del escritorio, sólo la mano derecha permanecía inmóvil allí; por otra parte, se había reclinado en el sillón, y tenía la mano izquierda en el bolsillo del pantalón, y me observaba—. ¿Quién lo envía? —preguntó.

—He leído en un periódico del ramo que aquí emplean gente —dije.

—Ajá —dijo, y sonrió—, así que es eso lo que ha leído. Pero usted lo presenta de una manera muy tosca.

—¿Qué quiere decir? —pregunté—. No le entiendo.

—Lamento decirle que aquí no se emplea a nadie. Y si no se emplea a nadie, tampoco se le puede aceptar a usted.

—Naturalmente, naturalmente —dije y me puse de pie irritado—; para saber eso no me hubiera hecho falta sentarme. —Pero luego medité y pregunté—: ¿No podría pasar la noche aquí? Está lloviendo, y el pueblo queda a una hora de camino.

—No tengo cuarto de huéspedes —dijo el ingeniero.

—¿No podría quedarme en el despacho?

—Aquí trabajo y allí —señaló un rincón— duermo.

Evidentemente, se veían algunas mantas, y también se había amontonado un poco de paja, pero estaban colocadas, además, tantas otras cosas apenas identificables, en especial herramientas, que hasta ese momento no había advertido que era una cama.

... guardármelo. Lo hice y dijo:

—Estoy de viaje, no me moleste, abra su camisa y acérquese con el cuerpo.

Lo hice, dio un paso grande y desapareció dentro de mí, como en una casa. Me estiré como si me sintiese más estrecho, casi sufrí un vahído, dejé caer la pala y regresé a casa. Allí los hombres estaban sentados ante la mesa y comían de la fuente común, las dos mujeres se encontraban al lado del fogón y pileta de lavar. En seguida relaté todo lo que me había ocurrido, y al hacerlo caí sobre el banco más cercano a la puerta, todos estaban alrededor de mí. Se mandó llamar a un anciano muy famoso, de una granja cercana. Mientras se le esperaba, los niños se aproximaban, nos tendíamos las manos, entrelazábamos los dedos...

Era una corriente de aguas turbias, muy rápidas sin embargo algo adormecida, demasiado regular, con olas bajas y mudas. Quizá no era posible de otra forma, porque estaba tan colmado...

Un jinete cabalgaba por el sendero de un bosque; delante de él corría un perro. Detrás de él venían unos gansos; una niña con una vara los arreaba delante de sí. A pesar de que todos, desde el perro hasta la niñita avanzaban tan velozmente como podían, no era muy rápido, cada uno mantenía con relativa facilidad el paso del otro. Además, los árboles, a ambos lados del sendero, también corrían con ellos, en cierto modo a disgusto, cansados, esos árboles viejos. A la niña se unió un atleta joven, un nadador; nadaba con braceo vigoroso, la cabeza bien hundida en el agua, pues se levantaban olas alrededor de él, y así como nadaba se deslizaba la corriente; después vino un carpintero que debía entregar una mesa, la llevaba sobre la espalda, sujetando las dos patas delanteras con las manos; le seguía el correo del zar, se sentía desdichado por la mucha gente que había encontrado aquí en el bosque, estiraba el cuello sin cesar y averiguaba la situación de la vanguardia y por qué todo iba tan desagradablemente despacio, pero debía resignarse, al carpintero podría haberle adelantado, pero cómo iba a poder pasar a través del agua que rodeaba al nadador. Por casualidad, detrás del correo venía el propio, un hombre joven todavía, de barba puntiaguda rubia y rostro delicado, pero más bien redondo, que reflejaba goce de la vida. Aquí se demostraban las desventajas de imperios tan enormes, el zar conocía a su correo, pero el correo no le conocía a él, el zar estaba dando un paseo para distraerse y no avanzaba más rápidamente que el correo, por lo que también podría haberse ocupado él mismo de la correspondencia.

Había burlado al primer guardia. Posteriormente me asusté, corrí de regreso y le dije:

—Me he evadido de aquí, en un descuido suyo.

El guardián miró delante de sí y permaneció en silencio.

—No debía haberlo hecho —dije.

El guardián seguía callado.

—¿Tu silencio significa el permiso para pasar?...

Habían pedido tres trilladoras, estaban pasados en el granero oscuro, llevaban sus mayales.

—Ven —dijeron, y me acostaron sobre la era. El aldeano estaba apoyado contra la puerta, medio afuera medio adentro.

El animal arranca el látigo del amo y se castiga a sí mismo para convertirse en amo, y no comprende que no es más que una ilusión producida por un nuevo nudo del látigo del amo.

El hombre es una enorme superficie pantanoso. Cuando le arrebata la exaltación, en la vista de conjunto es como si, en algún rincón de ese pantano, cayera un pequeño sapo en el agua verde.

Si hubiese uno solo capaz de quedarse atrás una palabra antes de la verdad; todos (también yo, en este aforismo) la atropellamos con centenares.

En realidad, no me preocupa mucho el asunto. Estoy echado en un rincón, observo todo lo que en esa forma puede verse, escucho tanto como puedo; por otra parte, vivo ya desde hace meses en un crepúsculo y espero la noche. Distinto es mi compañero de celda, un hombre irreductible, un ex capitán. Puedo imaginarme su composición de lugar. Opina que su situación se asemeja quizás a la de un expedicionario polar que se ha helado sin consuelo en parte alguna, pero a quien con toda seguridad se salvará, o más bien que ya se ha salvado, como puede leerse en las historias de las expediciones polares. Y ahora se produce el siguiente desacuerdo: para él es indudable que se le salvará, sin que eso dependa de su voluntad, simplemente por el peso victorioso de su personalidad, pero, ¿debe desearlo? Su deseo o no deseo no modificará nada, habrán de rescatarlo, pero queda el interrogante de si, además, debe desearlo. Está preocupado con esta pregunta, en apariencia tan lejana, la medita, me la expone, la discutimos. No comprende que la formulación de esa pregunta convierte su destino en definitivo. No hablamos de la salvación en sí. Para ella le basta al parecer el martillito que ha conseguido de alguna manera, un pequeño martillo para clavar chinches en un tablero de dibujo; más no podría realizar, pero tampoco le pide más, la sola posesión le hace feliz. A veces se hinca de rodillas a mi lado y me pone ese martillo, ya mil veces visto, ante la nariz; o toma mi mano, la extiende sobre el suelo y martilla sucesivamente todos los dedos. Sabe que con ese martillo no sacará ni una astilla de la pared, tampoco quiere hacerlo, sólo lo desliza a veces por las paredes, como si pudiera con ello dar la señal que pondría en movimiento la gran maquinaria de salvación. No será así, el rescate se producirá a su debido tiempo, sin depender del martillo, pero siempre es algo, algo concreto, una garantía, algo que puede besarse, como no podrá besarse jamás ni a la salvación misma.

Ahora bien, mi respuesta a su pregunta es sencilla:

—No, la salvación no es deseable.

No quiero establecer leyes generales, ese es problema del alcaide. Sólo hablo de mí. Y en lo que a mí concierne, la libertad, esa misma libertad que debiera ser ahora nuestra salvación, apenas he podido soportarla, pues ahora estoy en la celda. Sin duda no he aspirado a una celda, sino a un alejamiento en general, quizás hacia otra estrella, en principio hacia otra estrella. Pero, ¿el aire sería respirable allí y no me asfixiaría como aquí en la celda? Por lo tanto, de la misma manera podría haber aspirado a la celda.

A veces vienen dos carceleros a nuestra celda para jugar a los naipes. No sé por qué lo hacen; en realidad es una especie de atenuación del castigo. La mayoría de las veces al anochecer, entonces yo tengo siempre un poco de fiebre, no puedo mantener los ojos bien abiertos y los veo sólo en forma impresiva a la luz del farol grande que han traído. Pero ¿será realmente todavía la celda, si les basta incluso a los carceleros? No siempre me alegra esta reflexión, a veces despierta en mí un sentimiento de clase de los penados, ¿qué buscan aquí, entre los presos? Desde luego que me alegra que estén, me siento seguro por la presencia de estos hombres poderosos, también me siento elevado por ellos sobre mí mismo, pero nuevamente no lo deseo, quiero abrir la boca y arrojarlos con la sola fuerza de mi aliento.

Con seguridad puede decirse que el capitán ha enloquecido por el cautiverio. Su capacidad de raciocinio está tan limitada que apenas tendría espacio para un pensamiento más. También ha terminado de elucubrar la idea de la salvación, no ha quedado más que un resto, tanto como era imprescindible para mantenerlo en forma convulsa de pie; pero también a veces abandona este recurso para atraparlo luego de nuevo y entonces jadear de alegría y orgullo. Pero no lo aventajo por ello, sino quizás en el método, quizás en algo insustancial, pero en nada más.

Un día de lluvia. Estás parado frente al brillo de un charco. No estás cansado, ni triste, ni pensativo; sólo estás de pie allí, con todo el peso del mundo, y esperas a alguien. Entonces oyes una voz, cuyo sonido, aun sin palabras, te hace sonreír.

—Ven conmigo —dice la voz. Pero alrededor de ti no hay nadie con quien podrías ir.

—Yo iría —contestas—, pero no te veo.

Después, ya no oyes más nada. Pero viene el hombre a quien esperabas, un hombrón vigoroso, con ojos pequeños, cejas tupidas, mejillas gruesas y algo fláccidas y una barbita. Te parece que ya lo has visto en otra ocasión. Y es natural, porque es viejo compañero de oficina, con quien habías convenido reunirte aquí para discutir a fondo una cuestión de negocios, pendiente desde hacía mucho tiempo. A pesar de que está parado frente a ti, y del ala de su bien conocido sombrero gotea lentamente la lluvia, sólo le reconoces con dificultad. Hay algo que te lo impide, deseas apartarle, ponerte en relación directa con el hombre, y por ello le tomas del brazo. Pero en seguida sientes tanta náusea que te produce arcadas. Inventas una disculpa que quizá no es tal, pues mientras la dices la has olvidado, y te alejas, entrando directamente en una pared de casa (el hombre te grita, quizás una advertencia, pero le despides agitando la mano), la pared se abre ante ti, un criado lleva un candelabro muy alto, le sigues. Pero no te guía a una habitación sino a una farmacia.

Es una farmacia grande, de paredes altas y forma semicircular, que tiene centenares de cajones idénticos. También hay muchos compradores, la mayoría, llevan bastones largos y delgados, con los cuales golpean sobre el cajón del que desean algo. En seguida, los dependientes trepan, con movimientos cortos y muy rápidos (uno no ve sobre qué se apoyan, uno se pasa la mano por los ojos y, sin embargo, tampoco lo ve), y buscan lo pedido. Sea hecho con fines de entretenimiento o congénito de los vendedores, de todos modos tienen atrás, sobresaliendo del pantalón, colas empenachadas, como si fueran de ardillas, pero mucho más largas, que al trepar acompañan las sacudidas de todos estos movimientos cortos. El ir y venir de la corriente de compradores por la farmacia impide ver la conexión de la misma con la calle; en cambio se divisa una ventanita cerrada, a la derecha de la que posiblemente es la salida principal. A través de esta ventana se ven afuera tres personas; tapan la visual en forma tan completa que no podría decirse si detrás de ellos la calle está llena de gente o quizá desierta. Un hombre, en especial, atrae la mirada, a cada uno de sus lados hay una mujer, pero apenas se las distingue, están agachadas o hundidas, o están hundiéndose oblicuamente contra el hombre, hacia abajo; son del todo secundarias, mientras que el hombre también tiene algo de femenino. Es vigoroso, viste una blusa azul de obrero, su cara es ancha y franca; la nariz achatada, es como si se la hubiera apretado recientemente, y las fosas nasales lucharan, retorciéndose, para subsistir; las mejillas tiene mucho color vital. Todo el tiempo mira hacia el interior de la farmacia, mueve los labios, se inclina de derecha a izquierda, como si buscara algo adentro. En la tienda llama la atención un hombre que no pide nada, ni a quien se atiende; yendo erguido de uno a otro lado trata de observarlo todo, apretando el labio inferior inquieto con los dos dedos, y a veces mira el reloj de bolsillo. Evidentemente es el propietario, los compradores le señalan entre sí, es fácil reconocerle por las numerosas correas delgadas, redondeadas y alargadas que cuelgan sobre su busto, ni muy tensas ni muy flojas. Un muchacho rubio, de más o menos diez años de edad, está cogido a su chaqueta, de vez en cuando también quiere tomarse de las correas, pide algo que el dueño no quiere concederle. En ese momento suena la campanilla de la puerta. ¿Por qué suena? Tantos compradores vinieron y se fueron sin que sonara, pero ahora suena. La muchedumbre se aparta de la puerta, es como si se hubiera esperado el campanilleo, hasta parecería que la multitud supiese más de lo que confiesa. Ahora se ve también la puerta de vidrio, de dos hojas. Afuera está la estrecha calle vacía, empedrada pulcramente con ladrillos, es un día nublado que presagia, pero aún no llueve. Un hombre ha abierto desde la calle y puesto la campanilla en movimiento, pero ahora duda, retrocede de nuevo, relee el nombre en el cartel, sí, está bien, y entonces entra. Es el médico Herodias, todos lo conocen. Con la mano izquierda en el bolsillo avanza hacia el farmacéutico, que ahora está solo, de pie en el espacio libre; hasta el niño, si bien en primera fila, se ha quedado atrás y observa con los grandes ojos azules abiertos. Herodias tiene una manera de hablar sonriente, y con aire de superioridad, la cabeza echada para atrás, y aun cuando sea él mismo quien habla produce la impresión de estar escuchando. Con todo, es muy distraído, a veces hay que repetirle las cosas, es trabajoso penetrar hasta él, y también por eso parece sonreír. Cómo no iba un médico a conocer la farmacia, y sin embargo mira a su alrededor, como si estuviera allí por primera vez y sacude la cabeza ante las colas de gente y los vendedores. Luego se dirige hacia el dueño, lo rodea con el brazo derecho a la altura de los hombros, lo hace girar, y entonces ambos siguen caminando, muy juntos, por entre la multitud que retrocede a un lado, hacia el interior del negocio, el niño delante de ellos, mirando otra vez tímidamente hacia atrás. Llegan tras los mostradores hasta una cortina, que el niño levanta, luego continúan a través de las salas del laboratorio y por último a una puertita que, como el muchacho no se atreve a abrir, debe franquear el médico. Existe el riesgo de que la multitud que ha llegado hasta allí, también quiera seguirles a esa habitación. Pero los vendedores, que entre tanto se han abierto paso hasta la primera línea, se vuelven contra la multitud sin esperar hacia atrás a la muchedumbre que, por otra parte, sólo se ha desplazado hasta allí por su peso y no con intención de molestar. De todos modos se hace sentir un movimiento contrario: lo origina el hombre con las dos mujeres; ha abandonado el lugar en la ventana, ha entrado en la tienda y ahora quiere llegar aún más lejos. Precisamente la docilidad de la multitud, que por lo que se ve, respeta ese lugar, se lo permite. A través de los vendedores, a quienes aparta más con la mirada que con los codos, ya se ha acercado con sus dos mujeres hasta donde se encuentran los dos señores, y a través de sus cabezas él, más grande que ambos, mira hacia la oscuridad del cuarto.

—¿Quién viene? —pregunta débilmente una mujer desde la habitación.

—Quédate tranquila, es el médico —contesta el farmacéutico, y entran en el cuarto. Nadie piensa en encender la luz. El médico ha dejado al farmacéutico y se dirige solo hacia la cama. El hombre y las mujeres se apoyan en el respaldo de la cama, a los pies de la enfermera, como sobre un parapeto. El farmacéutico no se atreve a acercarse; el niño nuevamente se ha tomado de él. El médico se siente estorbado por la presencia de los tres extraños.

—¿Quiénes son ustedes? —pregunta, en voz baja, por consideración hacia la enferma.

—Vecinos —dice el hombre.

—¿Qué quieren?

—Queremos —dice el hombre, hablando en voz mucho más alta que el médico...

DE LA MUERTE APARENTE

Quien haya padecido alguna vez de muerte aparente, podrá contar cosas espantosas; sin embargo, no podrá decir cómo es después de la muerte. Es más, ni ha estado más cerca de ella que otros; en el fondo, tan sólo ha "sentido" algo especial, y la vida común, no la extraordinaria, se ha convertido en algo más valioso con ello. A todo aquel que haya experimentado algo peculiar le sucede una cosa similar. Con toda seguridad Moisés, por ejemplo, experimentó sobre el Monte Sinaí algo "especial"; pero, en lugar de abandonarse a ello, como tal vez lo haría un muerto aparente, que no se anuncia y se queda en el ataúd, bajó corriendo del Monte y, desde luego, tuvo cosas importantes que contar, y amó a los hombres, de los cuales había huido, mucho más que antes, dando entonces su vida por ellos, casi podría decirse por agradecimiento. De ambos, sin embargo, del que vuelve de la muerte aparente, y de Moisés que regresa, puede aprenderse mucho, pero no podemos conocer lo decisivo, pues ellos mismos no lo han llegado a saber. Y si lo hubieran llegado a saber, no hubieran regresado. Esto podría verificarse si, por ejemplo, alguna vez quisiésemos vivir "con un salvoconducto" para tener la certeza del retorno, la experiencia del muerto aparente o de Moisés, o incluso que deseáramos la muerte, pero ni siquiera en pensamiento querríamos permanecer en el Monte Sinaí o vivos en el ataúd, sin posibilidad alguna de retorno...

(Esto, ciertamente, nada tiene que ver con el temor a la muerte...)

LA VERDAD SOBRE SANCHO PANZA

Con el correr del tiempo, Sancho Panza, que por otra parte, jamás se vanaglorió de ello, consiguió mediante la composición de una gran cantidad de cuentos de caballeros andantes y de bandoleros, escritos durante los atardeceres y las noches, separar a tal punto de sí a su demonio, a quien luego llamó don Quijote, que éste se lanzó inconteniblemente a las más locas aventuras; sin embargo, y por falta de un objeto preestablecido, que justamente hubiera debido ser Sancho Panza, hombre libre, siguió de manera imperturbable, tal vez en razón de un cierto sentido del compromiso, a don Quijote en sus andanzas, y obtuvo con ello un grande y útil solaz hasta su muerte.

LA CONSTRUCCIÓN

He presentado la obra y me parece bien lograda. Desde afuera sólo se ve un gran agujero que en realidad no conduce a ninguna parte, ya que a los pocos pasos se tropieza con roca. No quiero jactarme de haber ejecutado esta treta en forma deliberada; es más bien el sobrante de uno de los numerosos y vanos intentos de construcción, pero finalmente, me pareció ventajoso dejar este agujero sin rellenar. Desde luego hay astucias que, por sutiles, se aniquilan por sí solas, eso lo sé mejor que nadie, e indudablemente constituye una audacia llamar la atención con este agujero sobre la posibilidad de que aquí exista algo digno de ser investigado. Sin embargo se equivoca quien crea que soy cobarde y que sólo por cobardía ejecuto la obra. A unos mil pasos de este agujero se halla, cubierto por una capa de musgo suelto, el verdadero acceso, tan bien asegurado como puede estarlo algo en el mundo; naturalmente, alguien podría pisar el musgo o levantarlo; entonces mi obra quedaría al aire y quien tuviera ganas —nótese, sin embargo, que se requerirían dotes no demasiado frecuentes— podría penetrar y destruirlo todo para siempre. Lo sé bien y ahora en su culminación mi vida apenas si tiene un momento por completo tranquilo; allí, en ese sitio, en el oscuro musgo, soy mortal y en mis sueños husmea interminablemente un hocico voraz. Habría podido, se opinará, rellenar este agujero de entrada con un manto firme y delgado arriba y más abajo con tierra floja, de manera que siempre me hubiera costado poco esfuerzo asegurarme de nuevo la salida. Pero no es posible; precisamente la cautela exige que tenga una viabilidad de escape, precisamente ella obliga con frecuencia a arriesgar la vida. Todos estos son cálculos harto penosos; la alegría que la cabeza experimenta al efectuarlos es muchas veces el único motivo de que siga calculando. Yo necesito una inmediata posibilidad de escape, pues acaso, ¿no puedo ser atacado a pesar de toda mi vigilancia en el punto más inesperado? Vivo pacíficamente en lo más profundo de mi casa, y mientras el enemigo se me aproxima sigilosamente. No quiero decir que tenga mejor olfato que yo; tal vez me ignore como yo lo ignoro a él. Pero hay bandidos apasionados que perforan ciegamente la tierra y que por la enorme extensión de mi obra, pueden alentar la esperanza de dar con algunos de mis túneles. Ciertamente, tengo la ventaja de estar en mi casa y de conocer perfectamente todos los caminos y direcciones. Es fácil que tal bandido se convierta en mi víctima, en dulce víctima. Pero yo envejezco, hay muchos más fuetes que yo, mis enemigos son innumerables; podría suceder que huyera de uno y cayera en las garras de otro. ¡Ah, todo puede suceder! De cualquier modo, necesito tener conciencia de que en alguna parte hay una salida completamente expedita, alcanzable con facilidad, donde para liberarme no necesitara cavar en absoluto, tal que, mientras yo trabajara desesperadamente, aunque fuera entre flojos escombros, no sintiera de pronto, ¡Dios me ampare!, los dientes de mi perseguidor en los muslos. Y no solamente me amenazan los enemigos externos, los hay también en lo profundo de la tierra. No los he visto jamás, pero las leyendas hablan de ellos y creo firmemente en su existencia. Son seres del interior, ni siquiera las leyendas logran describirlos; ni los que se convirtieron en sus víctimas alcanzan a verlos bien; se acercan, se oye el arañar de sus garras bajo la tierra, que es su elemento, y ya se está perdido. Entonces ya se está en la propia casa, más bien se está en su casa. De ellos tampoco me salva aquella salida, como probablemente no ha de salvarme en absoluto, sino perderme, pero de todos modos es una esperanza sin la que no puedo subsistir. Aparte de este gran camino, me comunican con el mundo exterior otros muy estrechos, bastante seguros, por los que me llega el aire que respiro. Han sido construidos por ratones que he sabido atraer a mi obra. Me ofrecen las ventajas del gran alcance de su olfato y de ese modo me protegen. Además, por su causa llega toda una fauna menor que devoro. De manera que, sin necesidad de abandonar mi obra, dispongo de un medio de vida, aunque limitado, suficiente. Y esto es esencial.

Pero lo mejor de mi construcción es su silencio. Este es desde luego, engañoso; repentinamente puede interrumpirse. Todo habría terminado. Pero por el momento todavía existe. Durante horas puedo deslizarme por mis galerías sin oír más que el rumor de alguna bestezuela que de inmediato reduzco al silencio con mis dientes; o el crujir de la tierra que me anuncia la necesidad de alguna reparación. Salvo esto, el silencio es absoluto. El aire del bosque penetra, hay al mismo tiempo abrigo y frescura. A veces me relajo satisfecho y me doy vuelta en la galería. Es bueno tener una construcción así para la ya cercana vez, saberse bajo techo al comienzo del otoño. He ensanchado las galerías cada cien metros hasta convertirlas en pequeña plazas circulares. Allí puedo enrollarme con comodidad, abrigarme en mí mismo y descansar. Allí duermo el dulce sueño de la paz, del deseo satisfecho, de la alcanzada meta del dueño de casa. No sé si es una costumbre de épocas antiguas o si los peligros de esta casa son lo suficientemente grandes como para despertarme; pero con regularidad, de tiempo en tiempo, el sobresalto me arranca del sueño y entonces atisbo, atisbo el silencio, que reina invariablemente de día y de noche; sonrío tranquilizado y recaigo, los miembros flojos, en sueños más profundos aún. ¡Pobres viajeros sin morada, en las carreteras, en los bosques, en el mejor de los casos acurrucados sobre montones de hojas o apretujados entre sus semejantes, expuestos a toda la perdición del cielo y de la tierra! Yo, en cambio, estoy en una fortaleza protegida por todos lados más de cincuenta de éstas hay en mi construcción y en somnolencia o sueño profundo transcurren las horas, que para ello elijo.

Casi en el centro mismo de la obra está la plaza principal, estudiada para el caso de peligro exterior, no tanto de persecución, como de asedio. Mientras todo lo otro es producto de esforzado trabajo mental más que físico, esta plaza fuerte es resultado del pesadísimo trabajo de mi cuerpo y de cada una de sus partes. Alguna vez, en la desesperación de mi cansancio corporal, he querido abandonarlo todo; me revolcaba, maldecía la obra, me arrastraba hacia el exterior, dejando la construcción abierta. Podía hacerlo porque no quería regresar, hasta que, después de horas o de días, retornaba un arrepentimiento casi prorrumpiendo en loas al advertir la integridad de la obra, y realmente alegre, reanudaba el trabajo. La tarea en la plaza fuerte se agravaba de modo innecesario (innecesario quiere decir que el trabajo de vaciado no se traducía en beneficio esencial para la obra), porque justamente donde debía estar situada según el plan, la tierra era floja y arenosa y había que conseguir que se volviera compacta antes de formar el círculo bellamente abovedado. Para ese trabajo poseo tan sólo la frente. Con la frente, pues, he embestido la tierra miles y miles de veces, a lo largo de días y de noches y era feliz, cuando los golpes la hacían sangrar, ya que probaba que la solidez estaba próxima, y en esta forma creo que se me reconocerá, me he ganado mi plaza fuerte. En esta plaza fuerte almaceno las provisiones, compuestas por los sobrantes de mis capturas dentro de la casa, después de satisfacer las necesidades inmediatas, y por lo que traigo de las cacerías exteriores. Es tan amplio el sitio que no lograrían llenarlo las reservas de medio año; puedo, pues, extenderlas holgadamente, caminar entre ellas, jugar con ellas, alegrarme de su abundancia y sus diversos olores, y tener siempre una exacta visión de lo existente. También puedo efectuar nuevos ordenamientos y, según las épocas del año, hacer nuevas previsiones y proyectos de caza. Hay períodos en que estoy tan provisto que, indiferente a la comida en general, ni siquiera toco la caza menor que se agita aquí, lo que, por otros motivos, tal vez sea temerario. Como consecuencia de las múltiples tareas vinculadas a los preparativos de defensa, mis ideas acerca de la utilidad de la construcción para ese caso se modifican o desarrollan en forma importante. Me parece que es peligroso basar la defensa exclusivamente en la plaza fuerte; la complejidad de la obra me brinda muchas otras posibilidades y me parece prudente distribuir las provisiones dejando algunas de ellas en pequeñas plazas; entonces destino, por ejemplo, cada tercer lugar a las reservas, o cada cuarto o depósito principal y cada segundo a almacén de reserva adicional, o algo por el estilo. O, para despistar, elimino ciertos caminos de la acución de la salida principal, sólo algunos pocos sitios. Cada nuevo proyecto exige una fatigosa labor de acarreo, nuevos cálculos, y luego debo llevar y traer las cargas. Desde luego, puedo realizarlo sin prisa; además, no es desagradable transportar manjares con la boca, descansar dónde y cómo se quiera, saborear lo que más guste. A veces, sin embargo, me despierto con sobresalto, y aquí está lo grave, parece que la actual distribución es por completo errónea, que puede provocar enormes peligros y que es urgente rectificarla, sin tiempo para somnolencias o para el cansancio. Entonces me apresuro, vuelo, no tengo tiempo para cálculos, quiero realizar un nuevo y minucioso proyecto, cojo lo primero que me cae entre los dientes, arrastro, cargo, gimo, tropiezo y el menor cambio favorable de circunstancias peligrosas me produce alivio. Hasta que paulatinamente, al despertar por completo, el violento trajín, me parece absurdo; aspiro profundamente la paz de la casa, que yo mismo he destruido; retorno al lecho y al sueño, y al despertar me encuentro con que, como prueba incontrastable de la ya inverosímil tarea nocturna, conservo alguna rata entre los dientes. Luego llegan períodos en que me parece mejor la reunión de todas las provisiones en un solo sitio. La utilidad de las reservas en las pequeñas plazas es un problema; cabe poco en ellas y se obstruye el paso, desplazar en caso de alarma. Aparte de ello es, aunque tonto, cierto que la sensación de seguridad se perjudica cuando no se ven juntas todas las provisiones y no se puede apreciar con una sola mirada lo que se posee. Además, con estas múltiples distribuciones, mucho puede extraviarse. No puedo galopar continuamente en todas direcciones para ver si todo se halla en perfecto estado. Desde luego, la idea fundamental de distribuir las reservas es correcta, pero solamente cuando se poseen varios sitios similares a mi plaza fuerte. ¡Varios sitios! ¡Naturalmente! Pero ¿quién puede realizar eso? Tampoco pueden acomodarse, en el plan de conjunto, a posteriori. Sin embargo, quiero reconocer que en ello radica un error de la construcción, pero como por lo general siempre hay un error, cuando de algo se posee un solo ejemplar. Y también reconozco que durante toda la ejecución de la obra en lo más oscuro de mi conciencia moró la idea aunque con bastante nitidez, de disponer de más de una plaza fuerte, pero no he cedido; me sentía demasiado débil para hacerme cargo de la necesidad de dicho trabajo y me consolaba de cualquier modo con sensaciones no menos oscuras, según las cuales lo que en otros casos no sería suficiente, llegaría en el mío a ser excepcional, por gracia ya que probablemente la providencia estaba interesada en la conservación de mi frente, de mi ariete. Tengo, pues, una sola plaza fuerte, pero los oscuros temores de que no pudiera alcanzar se han perdido. Sea como fuere, debo conformarme con una sola; las pequeñas plazas no podrían reemplazarla de ningún modo, por lo que comienzo, cuando este punto de vista ha madurado, a arrastrar material, desde las pequeñas plazas a la principal. Por un tiempo, es un consuelo saber que todos los espacios y galerías están libres, ver cómo se hacinan en la plaza fuerte las montañas de carne, que envían hasta las galerías más lejanas la mezcla de sus muchos olores, los cuales me alegran, cada uno según su tipo y que aun a distancia sé distinguir perfectamente. Entonces llegan tiempos pacíficos durante los cuales lenta y gradualmente traslado mis guardias desde los círculos externos al interior, sumergiéndome cada vez más en los olores, hasta que no soporto más, y una noche me lanzo sobre la plaza principal, arraso con las provisiones y me sacio con lo mejor hasta el embotamiento. Tiempos dichosos, pero de peligro; quien supiera aprovecharlos podría destruirme con facilidad y sin riesgos. También en esto influye perniciosamente la falta de una segunda o tercera plaza fuerte, pues me pierde el hecho de ser único el gran depósito. Trato de resguardarme contra ellos de diversas maneras; la distribución en plazas menores es una medida de esa índole. Pero, desgraciadamente, conduce como las otras, por las privaciones que apareja, a una avidez aún mayor, y ésta, despreciando el sentido común, altera los planes de defensa en su beneficio.

Una vez que han pasado dichos tiempos suelo revisar la obra, y cuando las reparaciones necesarias han sido hechas la abandono, aunque siempre por poco tiempo. El castigo de verme privado de ella largamente me parece excesivo, pero reconozco que estas excursiones son imprescindibles. Mi aproximación a la salida no carece de cierta solemnidad. En períodos de vida casera le evito, y también la galería que ella conduce y sus ramificaciones. No es nada fácil pasearse por ese lugar: he instalado allí un complejo zig-zag de galerías. Cuando inicié la obra todavía no podía soñar con poderla terminar según el proyecto; comencé en este rincón, casi jugando, aquí se desfogó mi primer entusiasmo en una construcción laberíntica que, en aquel entonces, me pareció la más excelsa de las construcciones, pero que hoy considero, probablemente con mayor justicia, como labor de aficionado, indigna del resto de la construcción. En teoría tal vez sea valiosa —aquí está la entrada a mi casa, les decía irónicamente a los enemigos invisibles y los veía ya asfixiados en masa en el laberinto de entrada—, pero en realidad representa un jugueteo de paredes harto endebles, que difícilmente resistiría un ataque serio o a un enemigo que luchara con desesperación por su vida. ¿Debo modificar por ello esta parte? Aplazo la decisión, y creo que quedará como está. Aparte del volumen de trabajo que me echaría sobre los hombros, sería también la tarea más peligrosa que pueda imaginarse. En aquella época, cuando inicié la construcción, pude trabajar allí con relativa tranquilidad, el riesgo no era mucho mayor que en cualquier otro lugar, pero significaría llamar casi deliberadamente la atención de todo el mundo sobre la obra hoy que ya no es posible. Conservo sin embargo, alguna debilidad por esta empresa inicial, pero si viene el gran ataque, ¿qué trazado de la entrada podría salvarme? La entrada puede ciertamente engañar, desviar, torturar, al atacante, y también lo lograría éste en último caso, pero es evidente que un ataque realmente importante tengo que resistirlo de inmediato, con todos los medios de la obra en conjunto y con todas las fuerzas del cuerpo y del alma. De modo que el acceso permanezca como está. Si la construcción ofrece tantas debilidades impuestas por la naturaleza, que soporte también estas deficiencias creadas por mí, que reconozco por completo, aunque tarde. Claro está, con ello no quiero decir que estos fallos no me preocupen todavía de tiempo en tiempo. Cuando en mis acostumbrados paseos eludo esta parte de la construcción, me sucede principalmente porque su aspecto me molesta; no siempre quiero mirar los defectos, sobre todo si se hallan demasiado presentes en mi conciencia. Que persista el corregible error allá arriba, junto a la entrada, pero yo quiero evitar su contemplación en lo posible. Me basta aproximarme a la salida, aunque todavía esté separado de ella por galerías y plazas, para sentirme en la atmósfera peligrosa; es como si se afinara mi piel, como si fuera a quedar con la carne desnuda y me saludara ya el aullar de los enemigos. Ciertamente, la salida en sí, el final de la zona de protección, provoca ya estos sentimientos, pero es esta construcción lo que especialmente me tortura. A veces sueño que he construido la entrada, que la he modificado por completo, de prisa, en una sola noche, con fuerzas gigantescas, sin ser visto por nadie, y que se ha vuelto inexpugnable; el sueño en que eso sucede es el más dulce de todos y al despertar aún brillan en mi barba lágrimas de alegría y de liberación.

El suplicio de este laberinto debo superarlo también corporalmente al salir; me disgusta y conmueve a la vez el hecho de extraviarme por un instante en mi propia creación, como si la obra se esforzara todavía en justificar su existencia, ante mí, que desde hace mucho tiempo me he formado un juicio definitivo a su respecto. Luego estoy bajo la capa de musgo, que muchas veces dejo el tiempo necesario para que se suelde con el humus del bosque —antes no me muevo de la casa— y de un solo golpe de la cabeza me coloco en el exterior. Me cuesta mucho atreverme a realizar este pequeño movimiento, y, si no tuviera que superar el laberinto de entrada probablemente emprendería el regreso. ¿Cómo? Tu casa está protegida, clausurado, vives en paz, abrigado, señor, único señor de una multitud de galerías y plazas, y espero que todo esto no desees sacrificarlo, o por lo menos exponerlo en cierto modo. Tienes, sí, la esperanza de recuperarlo, pero te comprometes en un juego arriesgado, demasiado arriesgado. ¿Hay motivos razonables? No; para algo semejante no puede haber motivos razonables. Sin embargo, levanto con cautela la trampa, estoy afuera, la dejo descender con cuidado, y a la máxima velocidad posible huyo de este lugar delator.

En verdad no estoy en libertad, pero ya no me adelanto pegándome a las galerías, sino que me lanzo por el bosque abierto, siento que hay nuevas fuerzas en mí, fuerzas para las que en cierto modo no hay espacio en la obra, ni siquiera en la plaza fuerte aunque fuera diez veces más grande. También la alimentación es mejor afuera, aunque la caza sea más dificultosa y el éxito menos frecuente; pero el resultado es más apreciable en todo sentido; no niego esto y sé apreciarlo y disfrutarlo, al menos como cualquier otro, y probablemente mucho mejor, pues no cazo con atolondramiento o desesperación, como un merodeador, sino práctica y reposadamente. Tampoco estoy predestinado y expuesto a la vida libre, sino que sé que mi tiempo está medido, que no estaré obligado a cazar aquí indefinidamente, sino que en cierto modo, cuando lo quiera y me canse de esta existencia, alguien me llamará hacia sí, alguien cuya invitación no podré rehusar. Y así puedo disfrutar por completo de este tiempo aquí, y pasarlo sin preocupaciones, es decir, podría, porque no puedo. La obra me tiene demasiado atareado. Me he alejado con rapidez de la entrada, pero pronto vuelvo. Busco un buen escondrijo y acecho la puerta de mi casa —esta vez desde afuera— durante días y noches. Se dirá que es estúpido pero a mí me proporciona una indecible alegría y me tranquiliza. Es como si no estuviera delante de mi casa, sino delante de mí mismo, mientras duermo, como si tuviese la dicha de poder a un tiempo dormir profundamente y vigilarme en forma estricta. Hasta cierto punto no tan sólo me caracteriza la capacidad de ver los fantasmas nocturnos durante la confiada inocencia del sueño, sino también la de enfrentarlos en la realidad, con la plena fuerza de la vigilia y la serenidad del juicio. Y encuentro que mi situación no es tan desesperada como creía a menudo y como probablemente volverá a parecerme cuando descienda a mi casa. En este sentido, y también en otro, pero especialmente en éste, esas excursiones son realmente imprescindibles. A pesar del cuidado que he puesto en elegir para la entrada un lugar apartado, el tránsito que se produce, si se resumen las observaciones de una semana, es muy grande, pero tal vez sea así en todos los lugares habitables, y probablemente sea también más ventajoso afrontar un tránsito más intenso, al que su propio volumen desplaza, que exponerse en total soledad a la morosa búsqueda de un intruso. Aquí hay muchos enemigos, y sus cómplices son aún más numerosos, pero cuando están ocupados en combatirse entre sí, pasan de largo. Durante todo este tiempo no he visto a nadie investigar en la entrada, por suerte para ambos, porque olvidado el peligro, inconscientemente, le habría saltado al cuello. Ciertamente, llegaron también invasores en cuya proximidad no me atreví a permanecer; el sólo intuirlos en la lejanía me obligaba a huir. Acerca de su conducta en relación a la construcción no debiera expedirme categóricamente, pero baste para tranquilizar, que yo regresaba pronto, no hallaba a nadie y encontraba la entrada intacta. Tiempos felices hubo en que casi me decía que la hostilidad del mundo contra mí probablemente había terminado o disminuido, o que el poder de la construcción me salvaba de la lucha de aniquilamiento que había perdurado hasta ahora. La obra me protege tal vez más de lo que hubiera llegado a pensar, o de lo que me habría atrevido a pesar en el interior de la construcción misma. Llegué hasta alimentar el deseo infantil de no retornar a la obra nunca más, sino instalarme en la proximidad de la entrada y pasar mi vida en la contemplación de ella, no perdiéndola de vista y hallando mi felicidad en la constatación de la firmeza con que me habría protegido de estar yo en ella. Pero espantables despertares suelen seguir a los sueños infantiles. ¿Qué seguridad es la que observo aquí? ¿Puedo juzgar el peligro en que me encuentro en el interior a través de las experiencias que realizo desde aquí afuera? ¿Siguen mis enemigos el verdadero rastro cuando no estoy en la construcción? Algo huelen probablemente, pero no con seguridad. ¿Y no es a menudo la existencia de un pleno olfato la premisa necesaria de un peligro normal? Se trata entonces tan sólo de semipruebas o de la décima parte de una prueba, apropiadas más bien para que me tranquilice y precipite en el máximo peligro por esta falsa tranquilidad. No, yo no observo mis sueños, como creía; más bien soy el que duerme mientras Malvado vigila. Quizás esté entre los que distraídamente rondan y pasan sólo para asegurarse, como yo mismo, de que la puerta está intacta y esperando atacarla; tal vez sólo pasen porque saben que el dueño de casa no está en el interior o tal vez hasta sepan que espera inocentemente en el matorral contiguo. Y abandono la guardia, estoy harto de la vida al aire libre, es como si ya no pudiera aprender nada aquí, ni ahora ni más tarde. Y siento deseos de despedirme de todo esto, de descender a la obra y no retornar nunca jamás, de dejar que las cosas sigan su curso sin tratar de demorarlas con inútiles observaciones. Pero, preocupado porque durante tanto tiempo he visto lo que sucedía sobre la entrada, me resulta ahora torturante llevar a cabo la casi espectacular operación del descenso sin saber lo que va a pasar a mis espaldas, más allá de la trampa vuelta a su sitio. Lo intento después en noches turbulentas, arrojo rápidamente la caza al interior, me parece lograrlo, pero el resultado sólo estará a la vista cuando yo mismo haya descendido, estaría a la vista, pero no para mí, o tal vez también para mí, pero demasiado tarde. Abandono, pues, y no desciendo. Cavo, a bastante distancia de la verdadera entrada, naturalmente, una zanja de prueba, no más larga que yo mismo y también cubierta con un manto de musgo. Me acurruco en la zanja, la cubro detrás de mí, calculo con cuidado períodos más o menos largos a distintas horas del día, aparto luego el musgo, salgo y registro mis observaciones. Realizo estas diversas experiencias buenas y desfavorables, pero no logro establecer una ley general o un procedimiento infalible para el descenso. En consecuencia, no descendí a la verdadera entrada, y me desespero por tener que hacerlo pronto. Estoy a punto de tomar la determinación de alejarme, de volver a la vieja vida sin consuelo, que no ofrecía seguridad alguna, que era una uniforme plenitud de peligros y que por lo tanto no permitía diferencias y temer un único peligro, como me lo enseña cotidianamente la comparación entre la seguridad de mi obra y la otra vida. Desde luego, tal determinación sería una completa locura, provocada por la prolongada libertad sin sentido; todavía la obra es mía, sólo tengo que dar un paso y estoy a salvo. Y deponiendo toda vacilación, corro directamente, a plena luz del día, hacia la puerta, para levantarla ahora con seguridad, pero sin embargo no soy capaz, sigo de largo y me arrojo en las espinas para castigarme, para castigarme por una culpa que desconozco. Luego, en definitiva, tengo que reconocer que estoy en lo cierto, que es realmente imposible descender sin exponer a todos, al menos por un rato, la más apreciada de mis pertenencias, a los que están en el suelo, en los árboles y en los aires. Y el peligro no es imaginario, sino muy real. No es forzoso que el enemigo cuyo deseo de perseguirme provoco sea verdadero, basta que sea una insignificancia, cualquier pequeño ser repugnante que me sigue por curiosidad, y que por ello, sin saberlo, se convierte en el guía del mundo contra mí. Tampoco necesita ser, y tal vez es, y esto no es menos grave, tal vez sea alguien de mi especie, un conocedor y apreciador de obras, algún hermano del bosque, un amante de la paz, pero un bribón holgazán que quiere habitar sin construir. Si al menos llegara ya, y descubriera con sucia avaricia la entrada, si comenzara a trabajar en ella, levantara el musgo, si tuviera éxito, si se introdujera, si estuviera ya tan adentro que sólo me mostrara el trasero por un instante, si todo eso sucediera para que por fin, lanzándome tras él, libre de toda vacilación le pudiera saltar encima, morderlo, destrozarlo, beber su sangre y apisonar el cadáver con el resto del botín, pero, sobre todo, esto sería lo principal, que por fin me encontrara en casa. Con gusto admitiría esta vez el laberinto, pero antes extendería sobre mí el manto del musgo, para descansar largamente, creo que por todo el resto de mi vida. Pero no viene nadie y quedo a solas conmigo mismo. Ocupado continuamente con las dificultades del asunto, pierdo gran parte de mi temor. Ya no eludo la entrada, tampoco por el lado exterior; rodearla se convierte en mi ocupación favorita, es casi como si yo fuera el enemigo y espiara la oportunidad de irrumpir. Si al menos tuviese alguien en quien pudiese confiar, a quien pudiese dejar mi puesto de observación, entonces sí que podría descender la tranquilidad. Yo convendría con él, con el hombre de confianza, en que observara exactamente la situación durante mi descenso, o un tiempo más, y que, en caso de peligro, golpeara la capa de musgo, y si no, no. Con esto, arriba todo estaría despejado, sólo quedaría mi hombre de confianza, ¿pero no pediría alguna satisfacción a cambio? ¿No querría por lo menos contemplar la obra? Ya esto por sí solo, dejar entrar a alguien voluntariamente en mi obra, me sería muy desagradable. La he hecho para mí, no para visitantes; creo que no lo dejaría entrar. Ni aun al precio de que me posibilitara a mí mismo la entrada. Pero no podría dejarlo bajar solo, lo que excede todo lo imaginable, o tendríamos que bajar juntos, con lo que se perdería la ventaja que él debiera proporcionarme, es decir, hacer observaciones detrás de mí. ¿Y qué es esto de la confianza? ¿Puedo seguir confiando en el que confío cara a cara, cuando ya no lo veo más y nos separa una capa de musgo? Es relativamente fácil confiar en alguien cuando se lo vigila al mismo tiempo o cuando al menos existe la posibilidad de vigilarlo; hasta es posible confiar en alguien a distancia, pero confiar en alguien desde el interior de la construcción, es decir, desde otro mundo, lo creo imposible. Pero tales dudas ni siquiera son imprescindibles, basta pensar que durante o después de mi descenso las innumerables cualidades de la vida impidieran a mi hombre de confianza cumplir con su deber. Sus menores dificultades podrían tener consecuencias incalculables para mí. No; considerándolo todo en su conjunto, no debiera quejarme de estar solo y de no tener en quien confiar. Así, seguramente, no pierdo ninguna ventaja y me ahorro perjuicios. Sólo puedo confiar en mí y en la construcción. Debí pensarlo antes, para el caso que ahora me ocupa, y tomar medidas. Hubiera sido posible, al menos en parte, durante el comienzo de la obra. Debí diseñar la primera galería en tal forma que tuviese dos entradas bastantes separadas entre sí, pudiese introducirme en una —con todas las dificultades inevitables—, trasladarme rápidamente por el comienzo de la galería hasta la segunda boca, levantar allí la capa de musgo dispuesta para ello, y observar la situación durante varios días y noches. Sólo así hubiera estado bien. Es verdad, dos entradas duplican el peligro, pero hubiera podido desechar estas preocupaciones en vista de que una de las bocas, la pensada como lugar de observación, sería muy estrecha. Y con esto me extravío en consideraciones técnicas y comienzo nuevamente a soñar con mi proyecto de construcción perfecta; esto me tranquiliza en parte; contemplo radiante, con los ojos cerrados, las múltiples soluciones de construcción, claras y menos claras, destinadas a permitirme entrar y salir sin ser advertido.

Y cuando, cómodamente echado, reflexiono, valorando estas posibilidades, pero sólo como conquistas técnicas, no como verdaderas ventajas, porque ¿qué sentido tiene esto de entrar y salir inadvertidamente? Sugiere ánimo intranquilo, falta de seguridad, sucios apetitos, condiciones negativas que se agravan aún más en presencia de la obra, que sin embargo está allí, y que es capaz de inundar de sosiego a poco que uno se lo permita. Naturalmente, ahora estoy fuera de ella y busco una posibilidad de retorno; las disposiciones técnicas necesarias para ello serían muy deseables. Pero tal vez no tanto. ¿No se subestima la obra durante el momentáneo arrebato de miedo al considerarla solamente como un agujero apto para refugio? Claro está que es también un agujero seguro, o debiera serlo, y cuando me imagino en medio del peligro, deseo, con los dientes apretados, con toda la fuerza de mi desesperación, que no sea más que el agujero destinado a salvarme la vida y que no cumpla debidamente esta misión y estoy dispuesto a relevarlo de cualquier otra. Pero sucede que en realidad —y no se presta atención durante el máximo peligro, y hasta en tiempos de riesgos corrientes es difícil advertir— da mucha protección, pero no la suficiente, porque las preocupaciones no terminan jamás por completo en la obra. Son otras preocupaciones, de más fuste, más ricas en contenido, a menudo muy postergadas, pero probablemente tan inquietantes como las que depara la vida en el exterior. Si hubiera realizado la obra sólo para asegurar mi vida no me habría engañado, pero la relación entre el enorme trabajo y la seguridad lograda, al menos hasta donde estoy en condiciones de apreciarla y de beneficiarme con ella, no sería muy favorable para mí. Es muy doloroso reconocer esto, pero hay que hacerlo, más aún, en presencia de la entrada que se cierra ahora sobre mí, contra su constructor y propietario, en forma casi espasmódica: La obra no es precisamente un agujero de salvación. Cuando me detengo en la plaza fuerte, rodeado por los altos depósitos de carne, el rostro vuelto hacia las diez galerías que parten de ella, cada una con su inclinación, ya sea ascendente o descendente, rectas o curvas, o listas, cada una a su manera, para conducirme hacia otras muchas plazas, también silenciosas y vacías, entonces se aleja de mí la idea de seguridad, entonces sé con certeza que éste es mi castillo, que he conquistado a la tierra, palmo a palmo, arañando y mordiendo, apisonando y pujando, mi castillo que de ningún modo puede pertenecer a otro y que es tan mío, que en él podría tranquilamente, en último caso, aceptar las heridas mortales de mis enemigos, porque mi sangre empaparía aquí mi propio suelo y no se perdería. Y no es otro el sentido de las cálidas horas que suelo pasar en las galerías, ya durmiendo pacíficamente, ya vigilando de buen talante estas galerías que han sido calculadas exactamente para mí, para poderme estirar satisfecho o revolcarme como un niño, o yacer somnolientamente, o dormirme feliz. Y las pequeñas plazas, todas perfectamente conocidas y que, a pesar de su completa igualdad, puedo diferenciarlas entre sí a ojos cerrados por la simple curvatura de sus paredes, me rodean amistosas y cálidas, como un nido al ave. Y todo, todo, silenciosos y vacío.

Pero si es así, ¿por qué vacilo, porqué temo más al intruso que a la posibilidad de no volver a ver mi obra? Por fortuna, esto último es imposible, y no hace falta reflexionar mucho para comprender todo lo que la construcción significa para mí; yo y la obra estamos tan unidos, nos pertenecemos recíprocamente en tal grado que podría tranquilamente, con todo mi temor, permanecer aquí, echarme, y sin necesidad de dominarme abandonar todo reparo y aun abrir la entrada; más aún, me bastaría esperar ocioso, porque en definitiva, de un modo o de otro, volveré abajo. Pero ¿cuánto tiempo puede transcurrir hasta entonces, y cuántas cosas pueden suceder entretanto, aquí arriba y allá abajo? Y tan sólo depende de mí acortar este plazo y hacer en seguida lo necesario.

Y ya, cansado hasta no poder pensar, la cabeza colgante, inseguras las piernas, semidormido, arrastrándome más que caminando, me acerco a la entrada, levanto con lentitud el musgo, desciendo lentamente, en mi turbación dejo abierta la entrada durante un lapso de innecesaria largueza, me acuerdo después de mi omisión, subo para repararla. ¿Para qué subir? Sólo tengo que correr la capa de mugos, bien, entonces bajo de nuevo, y, por fin, la corro. Solamente en este estado de ánimo, exclusivamente en este estado de ánimo me hallo en condiciones de realizarlo. Después estoy echado bajo el musgo en lo alto del botín, nadando entre sangre y jugos de carne, y podría comenzar a dormir el sueño tan ansiado. Nada me turba, nadie me ha seguido, sobre el musgo todo parece tranquilo, al menos hasta ahora, y aunque no lo estuviera, creo que no podría demorarme en observaciones. He cambiado de lugar, del mudo exterior he retornado a la obra e inmediatamente siento el efecto. Es un mundo nuevo, que proporciona nuevas energías, lo que arriba sería cansancio aquí no lo es. He regresado de un viaje, agotado por las penurias hasta el embotamiento, pero el reencuentro con la antigua vivienda, los arreglos que me esperan, la necesidad de visitar siquiera en forma superficial todas las dependencias, y sobre todo de avanzar cuanto antes hasta la plaza central, todo eso transforma mi agotamiento en agitación y entusiasmo, es como si durante el mismo instante en que puse los pies en la obra hubiese dormido un largo sueño. La primera tarea es muy penosa y me absorbe por completo: hacer pasar la caza por las estrechas y endebles galerías del laberinto. Empujo con todas mis fuerzas, avanzo con efecto, pero me parece que con demasiada lentitud; para ir más aprisa tiro hacia atrás una parte de las masas de carne y me escurro por encima y a través de ellas. Ahora tengo sólo una parte delante, ahora va mejor, pero estoy encajado en la abundancia de la carne, que en la estrechez de las galerías —en las cuales aun a solas me resulta a veces dificultosos avanzar— podrían asfixiarme mis propias provisiones; a menudo sólo comiendo y bebiendo puedo defenderme de sus embates. Pero el transporte progresa, lo logro en poco tiempo, el laberinto ha sido superado, respirando a mis anchas salgo a una verdadera galería, empujo el botín a través de un conducto de comunicación, hacia una galería principal, creada especialmente para esto, que conduce en pronunciado declive hasta la plaza fuerte. Ahora ya es fácil, ahora el conjunto rueda y fluye casi por sí solo. ¡Por fin en mi plaza fuerte! ¡Por fin poder descansar! Nada ha cambiado, ningún infortunio mayor parece haber sobrevivido, y los pequeños daños, que noto a primera vista, pronto estarán subsanados. Pero antes debo recorrer las galerías, lo que no constituye un esfuerzo, sino una plática con amigos, como era antes en los viejos tiempos —en verdad no soy tan viejo, pero los recuerdos de muchas cosas se empastan casi por completo—, como yo lo hacía antes, o como oí decir que sucedía antes. Comienzo ahora con la segunda galería, con deliberada lentitud; después de haber visto la plaza fuerte dispongo de un tiempo infinito en el interior siempre de la obra siempre dispongo de tiempo infinito porque todo lo que allí hago es bueno e importante y me alimenta en cierto modo. Comienzo con la segunda galería e interrumpo la inspección a la mitad y paso a la tercera, por la que me dejo conducir de nuevo hasta la plaza principal, y debo volver a ocuparme de la galería segunda, y juego así con el trabajo y lo multiplico, me río solo, gozo, y me siento mareado por completo entre tanto trabajo, pero no lo abandono. Por vosotras, galerías y plazas, y por tus problemas ante todo, plaza principal, he vuelto, sin valorar en nada mi vida, después de incurrir durante mucho tiempo en la simpleza de temblar por ella, y de postergar por ella el regreso. Qué me importa el peligro ahora que estoy con vosotras. Vosotras me pertenecéis yo os pertenezco, estamos ligados, qué puede sucedernos. ¡Qué el pueblo se hacine arriba si quiere; que esté pronto el hocico que ha de perforar el musgo! Muda y vacía me saluda ahora también la obra y refuerza lo que digo, pero me asalta cierta flojedad y en uno de mis lugares preferidos me enrollo un poco —falta mucho para que lo haya visto todo, quiero seguir la inspección hasta el final—, no quiero dormir aquí. Cedo solamente a la tentación de instalarme como si fuera a dormir, comprobar si lo logro tan bien como antes. Lo logro, pero lo que no logro es recuperarme y permanezco aquí profundamente dormido.

He dormido mucho tiempo casi con seguridad, sólo consigo salir del último sueño que se disuelve por sí mismo, debe de ser un sueño muy leve, pues un siseo apenas audible me despierta. Lo comprendo al momento; la cría menuda, no vigilada por mí, demasiado descuidada por mí, ha taladrado en mi ausencia un nuevo camino en alguna parte; este camino se junta con algún otro, el aire se arremolina y eso produce el silbido. ¡Qué pueblo tan interminablemente activo y qué molesto su tesón! Me veré obligado, escuchando en las paredes de mi galería y con perforaciones de sondeo a determinar el lugar de la perturbación, para sólo después poder eliminar el ruido. Por lo demás, el conducto, si de alguna manera es adaptable a la obra, me será útil como nueva vía de aire. Pero deberé vigilar a los pequeños en adelante; ninguno debe escaparse.

Como tengo gran práctica en estas investigaciones, seguramente no tardaré mucho, y puedo comenzar en seguida, aunque hay otros trabajos más, pero éste es el más urgente: el silencio debe reinar en mis galerías. Este ruido es relativamente inocente; ni siquiera lo oí al llegar aunque, ciertamente, ya debía de existir; necesité volver a acostumbrarme a la casa para advertirlo, en cierto modo es sólo audible para el dueño de casa. Y ni siquiera es permanente, como por lo general suelen ser estos ruidos, sino que hay grandes intervalos, eso se debe ostensiblemente a la obstrucción de la corriente de aire. Comienzo la investigación, pero no logro encontrar el lugar donde debiera intervenir; hago algunas excavaciones, sólo al azar; como es natural así no obtengo ningún resultado, y el gran trabajo de cavar y el aun mayor de rellenar y alisar resultan inútiles. Ni siquiera logro acercarme al lugar del ruido, inalterablemente sutil suena a intervalos regulares, una vez como un siseo y la siguiente como un silbido. Sí, por el momento, podría no hacerle caso, pero es demasiado molesto; no, no cabe duda, el origen debe de ser el que yo supuse, es, pues, difícil que aumente de volumen; al contrario, puede suceder que —sin embargo jamás he esperado tanto hasta ahora— con el andar del tiempo cese del todo, al progresar el trabajo de los pequeños mineros, sin contar con que a menudo una casualidad lleva al descubrimiento de la pista mejor que la búsqueda sistemática. Así me consuelo, y preferiría seguir recorriendo las galerías y visitar los sitios o las plazas, muchas de las cuales no he vuelto a ver, y regodearme también un poco en la plaza fuerte, pero no puedo permitírmelo, debo seguir la búsqueda. Mucho tiempo, demasiado, que podría utilizar en mejor forma, me cuesta esta cría. En tales circunstancias suele tentarme el problema técnico; partiendo del ruido, por ejemplo, que mi oído está especialmente dotado para distinguir en todos sus matices, trato de imaginarme su causa, y entonces me apresuro a comprobar si responde a la realidad, con buen fundamento, porque mientras no se produzca una comprobación, así sólo se tratara de establecer hacia dónde rueda un grano de arena, no podría sentirme seguro. Y hasta un ruido así no deja de ser en este aspecto una cuestión importante, pero importante o no, por más que busque no encuentro nada, o mejor, encuentro demasiado. Justamente en mi plaza predilecta tenía que suceder esto; me alejo pensando que tal vez todo sea una broma, así lo hago hasta la mitad del camino hacia la siguiente plaza, pero como si necesitara probarme que no precisamente mi lugar favorito ha preparado esta perturbación, sino que ellas existen también en otras partes, sonrío y me pongo a escuchar. Pero en seguida dejo de sonreír, porque realmente también aquí se oye el mismo siseo. No es nada, pienso, nadie sino yo podría oírlo, pero con el oído afinado por el esfuerzo lo oigo ahora cada vez con mayor claridad, aunque se trate exactamente del mismo sonido, como puedo comprobarlo por comparación. Tampoco se intensifica cuando, sin acercar el oído a la pared, atisbo en mitad de la galería. Entonces tan sólo esforzándome distingo por momentos el soplo de un sonido que más parezco adivinar que percibir. Esta uniformidad en todas partes me perturba al máximo, pues es imposible hacer coincidir con mis primitivas deducciones. Si hubiera adivinado su causa, el sonido tendría mayor intensidad en el lugar de irradiación, que sería precisamente el que tendría que buscar para hacerse después cada vez más pequeño. Si mi explicación no es exacta, ¿de qué se trata entonces? Existía aún la posibilidad de dos focos sonoros, y que habiendo yo escuchado ambos a la distancia, cuando me aproximaba a cualquiera de ellos, uno de los sonidos aumentaba mientras el otro disminuía, siendo el resultado conjunto casi invariable. Me parecía ya, cuando atendía mejor, que podía distinguir, aunque confusamente, algunas variaciones, lo que parecía coincidir con la nueva hipótesis. De todos modos debía ampliar mucho más el tiempo de mis exploraciones. Desciendo, pues, por la galería hasta la plaza fuerte y comienzo a escuchar en ese lugar. Es extraño, también aquí advierto el mismo sonido. Sí, es un ruido provocado por las excavaciones de bestezuelas insignificantes, que aprovecharon infamantemente el tiempo de mi ausencia; por cierto, no tienen intenciones hostiles contra mí, tan sólo están ocupadas en su propia obra y mientras no topen con un obstáculo conservarán la dirección inicial. Todo eso lo sé; sin embargo, me resulta incomprensible y me excita, y la idea de que se hayan atrevido a acercarse a la plaza fuerte perturba mis sentidos, que tanto necesito para el trabajo. No quiero ahora establecer diferencias, pero algo, sea la considerable profundidad en que se halla situada la plaza principal, sea su gran extensión, con la consecuente corriente de aire, detenía a los excavadores. O tal vez aun más simplemente, había llegado a su obtusa percepción algún indicio de que se trataba de la plaza fuerte. Nunca había observado perforaciones en las paredes de ésta; por cierto, multitudes de animales se acercaban atraídos por las intensas emanaciones y yo tenía aquí caza segura. Pero habían penetrado en algún otro sitio más arriba e, irresistiblemente atraídos, sobreponiéndose al ahogo, descendían por las galerías. Pero ahora taladraban también en éstas. Si al menos hubiese ejecutado los más importantes proyectos de mi juventud y de mi temprana madurez, o mejor, si al menos hubiese tenido la fuerza para ponerlos en práctica, porque no me faltó la voluntad. Uno de los proyectos preferidos era separar la plaza fuerte de la tierra circundante, es decir, crear por fuera un espacio vacío a todo su alrededor, tan sólo con la excepción de un pequeño soporte que, desgraciadamente, no podría aislarse de la tierra. Las paredes subsistirían con un espesor aproximadamente igual a mi propia altura. Siempre me había imaginado, este espacio vacío, y creo que con razón, como uno de los lugares más atrayentes y confortables. Estar suspendido sobre su curvatura, izarse, resbalar por ella, rodar y encontrar de nuevo el suelo bajo los pies, y ejecutar todos estos juegos sobre la estructura misma de la plaza fuerte, ¡pero sin estar en su interior! Poder evitar la plaza, descansar los ojos de su imagen, aplazar la alegría de volver a verla, aunque sin llegar a privarse de ella, estrecharla literalmente entre las garras, algo que es imposible al disponer tan sólo de un acceso ordinario. Y, sobre todo, poder vigilarla y, como compensación de no tenerla a la vista, poder elegir entre instalarse en la plaza o en el espacio hueco, y escoger seguramente este último, deambular el resto de la existencia, vigilando la plaza. Entonces ya no habría ruidos en las paredes, ni descaradas excavaciones hacia la plaza, se hallaría asegurada la paz y yo sería el custodio; ya no tendría que escuchar con desagrado el trabajo, de zapa de esta plaga, sino, y con deleite, algo que se me escapa ahora por completo: el rumor del silencio en la plaza principal.

Pero, desgraciadamente, toda esta belleza no existe, debo volver a mi trabajo, felicitándome casi de que se vincule directamente con la plaza que me da bríos. Por cierto, como se comprueba cada vez más, necesito todas mis energías para esta tarea que al principio pareció casi insignificante. Recorro ahora las paredes de la plaza y escucho, y dondequiera que aplico el oído, en lo alto y junto al suelo, cerca de la entrada o en el interior, en todas partes, en todas el mismo ruido. Y esta prolongada atención al sonido intermitente, ¡cuánto tiempo, cuánto esfuerzo exige! Tal vez pueda hallarse un pequeño consuelo para el autoengaño, en el hecho de que aquí, por la extensión de la plaza principal, a diferencia de la galería, al alejarse el oído del suelo ya no se oye nada. Solamente para descansar, para recuperarme, hago a menudo estos ensayos, escucho con atención y me siento feliz de no oír nada. Pero, por lo demás, ¿qué es lo que ha sucedido? El fenómeno destruye mis primeras explicaciones, y también tengo que descartar otras que se me ofrecen. Se podría pensar que oigo a las bestezuelas en su trabajo, pero ello estaría en contradicción con la experiencia; lo que no he oído nunca, aunque siempre estaba presente, no puedo comenzar a oírlo de pronto. Tal vez, con los años pasados en la obra, mi sensibilidad frente a las perturbaciones se haya acrecentado, pero de ningún modo es posible que se afine el oído. Debido a la naturaleza de la plaga, ésta no puede ser oída. ¿Hubiera tolerado esto antes? La habría exterminado aún a riesgo de perecer de hambre. Pero probablemente también, y esa idea se va infiltrando en mí, pueda tratarse de un animal de una especie desconocida. Aunque hace mucho tiempo que observo cuidadosamente la vida aquí abajo, sería posible: el mundo es complejo, y nunca faltan sorpresas desagradables. Pero no podría ser un animal único, tendría que tratarse de un rebaño, que de pronto ha invadido mis dominios, de un gran rebaño de seres que, aunque por encima de estos bichos, los superen en poco, ya que es muy pequeño el ruido de su trabajo. Podrían ser quizás animales desconocidos, un rebaño de paso, que me turba, sí, pero que pronto tendría fin. En consecuencia, podría limitarme a esperar, sin realizar trabajos finalmente inútiles. Pero si son animales desconocidos, ¿cómo no consigo verlos? Ya he hecho muchas excavaciones para atrapar siquiera uno de ellos, pero no encuentro ninguno; se me ocurre que tal vez sean pequeñísimos, mucho más pequeños que todos los que conozco y que sólo el ruido que producen sea perceptible. Por eso reviso la tierra extraída, rompo los terrones hasta reducirlos a partículas minúsculas, pero los alborotadores no aparecen. Muy lentamente voy comprendiendo que con estas excavaciones al azar no llegaré a nada, sólo destrozo las paredes, escarbo a la ligera, aquí y allá, no tengo tiempo para rellenar luego los agujeros: ya hay montañas de tierra que obstruyen el camino y la visión. Desde luego, esto me molesta sólo de un modo accesorio; ahora no puedo pasear ni contemplar, ni descansar; a menudo me he quedado dormido por un momento en cualquier agujero en medio del trabajo, con una zarpa hundida en lo alto, en la tierra, sobre el terrón que en el último instante de vigilia he querido arrancar. Ahora cambiaré mis métodos. Cavaré una verdadera zanja en dirección al ruido y no cejaré en mis esfuerzos hasta que, independientemente de toda teoría, encuentre la verdadera causa del ruido. Y luego la eliminaré, si me lo permiten mis fuerzas y en caso contrario, por lo menos, tendré una seguridad. Esta seguridad me traerá, bien la calma, bien la desesperación, pero de cualquier modo que sea, esto o aquello, al menos será algo indudable y justificado. Esta determinación me hace bien. Todo lo que he hecho hasta ahora me parece apresurado, realizado en la excitación del regreso, no liberado aún de las preocupaciones del mundo exterior, todavía no reabsorbido en la calma de la obra; hipersensibilizado por la larga privación de ella, que he dejado arrebatar el juicio por un fenómeno extraño. Porque ¿de qué se trata? Un ligero siseo intermitente, una nada, a la que uno podría, no, no digo que uno podría acostumbrarse a ella ero sí que se podría, sin intentar por el momento nada, observar durante algún tiempo, es decir, escucharlo ocasionalmente cada tantas horas y registrar pacientemente los resultados, y no, como yo, arrastrar la oreja a lo largo de las paredes, y al menor ruido abrir la tierra, no tanto para encontrar algo en realidad, como para traducir en algo la fiebre interior. Todo esto cambiará ahora, espero. Y por otra parte, tampoco lo espero —como tengo que reconocerlo a ojos cerrados, irritado contra mí mismo— porque la inquietud vibra aún vibra en mí, exactamente como hace horas, y si la prudencia no me contuviera, ya hubiera comenzado a cavar en cualquier sitio, sin preocuparme si se oyera algo o no, absurda, empecinadamente como la misma plaga, que, o cava completamente sin sentido o lo hace porque come tierra. El nuevo y juicioso proyecto me tienta, y por otra parte no me tienta. No hay nada que objetar contra él, yo al menos no encuentro ninguna objeción; debe conducir al éxito, según yo lo veo. Y a pesar de todo, en el fondo, no tengo fe en él, tengo tan poca fe en él que ni siquiera me atemorizan los posibles horrores del resultado, ni siquiera creo en un resultado horroroso; es como si ya a la primera aparición del ruido hubiese pensado en esa excavación metódica, dejándola de lado sólo por no confiar en ella. A pesar de todo, comenzaré desde luego con la excavación, pero no en seguida, aplazaré un poco el trabajo. Cuando el juicio retorne a su equilibrio, entonces lo realizaré; no he de precipitarme. Por cierto, antes hay que subsanar los daños que mi escarbar produce a la obra; costará mucho tiempo, pero es necesario; si la nueva excavación ha de conducir al objetivo, es indudable que resultará larga, y si no conduce a ningún objetivo, entonces será infinita, y de cualquier modo, esta tarea significará una prolongada ausencia de la obra, no tan grave como la transcurrida en el mundo exterior —puedo interrumpir la tarea cuando quiera y visitar la casa, y aun cuando no hiciera esto, me llegaría el aire de la plaza principal y me rodearía durante el trabajo—, pero de todos modos significará alejarse de la obra y exponerse así a un destino incierto, por lo que prefiero dejarlo todo en orden; que no se diga que yo, el que lucha por su tranquilidad, la ha turbado él mismo sin restablecerla en seguida. Con lo cual comienzo a rellenar de tierra los agujeros, trabajo que conozco perfectamente, que he realizado innumerables veces, casi sin tener conciencia de realizar un trabajo y que, especialmente en lo que se refiere al último apisonamiento y alisado —esto no es jactancia, es la simple verdad—, ejecuto en forma insuperable. Esta vez, sin embargo, se me hace difícil, estoy distraído; continuamente, en mitad del trabajo, aprieto el oído contra la pared, escucho, e indiferente, dejo escapar la tierra recién levantada, que rueda hacia la galería. Apenas si puedo ejecutar los últimos trabajos de embellecimiento, que exigen mayor atención. Quedan desagradables montículos, grietas molestas, sin hablar siquiera de que no logra restaurar de una pared así remendada. Procuro consolarme pensando que se trata de un trabajo provisional. Cuando regrese y la paz se haya restablecido, lo mejoraré en forma definitiva, todo se podrá hacer en un instante. Sí, en las fábulas todo se realiza en un instante, y este consuelo pertenece también a las fábulas. Mejor sería hacer en seguida una labor perdurable, más útil, que volver a interrumpirla constantemente, deambulando, por las galerías, y establecer nuevas fuentes del ruido, lo que en verdad es muy fácil, porque no exige más que detenerse en cualquier sitio y escuchar. Y todavía hago otros descubrimientos inútiles. A veces me parece que el ruido ha terminado —se producen largos intervalos—, a veces no se oye el siseo, demasiado golpea la propia sangre en el oído, entonces se juntan dos intervalos en uno, y durante un rato se piensa que el siseo ha terminado para siempre. No se escucha más, se salta, toda la vida da un vuelco, es como si se abriera el manantial del cual fluye el silencio de la construcción. Uno se abstiene de comprobar en seguida el descubrimiento, busca a alguien a quien pudiera antes confiar en forma segura, se corre febrilmente para ello hacia la plaza principal, se acuerda uno, ya que, con todo lo que se es, se ha despertado a una nueva vida, que hace mucho que no se ha comido, se arranca cualquier cosa de entre las provisiones casi cubiertas por la tierra, se está tragando todavía mientras regresa al lugar del increíble descubrimiento —uno quiere accesoriamente, tan sólo en forma superficial, mientras come, cerciorarse del suceso—, se escucha, pero la fugaz atención revela en seguida que uno se ha equivocado miserablemente, que el silbido continúa imperturbable en la lejanía. Y se escupe la comida y hasta quisiera pisotearla y se vuelve al trabajo sin saber siquiera a cuál, en cualquier sitio, donde parece necesario, y de estos lugares hay bastantes, se empieza mecánicamente a hacer algo, como si hubiera venido el capataz y se debiera representar una comedia. Pero apenas se ha trabajado un rato así, puede suceder que se haga un nuevo descubrimiento. El ruido parece haberse hecho más intenso, no mucho como es natural, siempre se trata de diferencias sutiles, pero es un poco más fuerte de todos modos, en forma claramente audible. Y este crecimiento parece una aproximación, y casi con más claridad que el aumento sonoro, se ve nítidamente el andar que se acerca. Se salta de la pared y, de un vistazo, se trata de abarcar todas las posibilidades que este nuevo descubrimiento traerá como consecuencia. Se tiene la sensación de que la obra jamás fue instalada con vistas a la defensa, mejor dicho, se tenía la intención, pero el peligro de ataque y por tanto la preparación de la defensa parecía lejana, o no lejana (¿cómo sería posible?), pero ciertamente de importancia muy inferior a los preparativos destinados a la vida pacífica, que gozaron así de prioridad en todas las partes de la obra. Mucho podría haberse hecho en aquel otro sentido, sin modificar el proyecto en lo fundamental, pero se ha omitido de manera incomprensible. He tenido mucha suerte en todos estos años, la suerte me ha mimado, pero la intranquilidad dentro de la dicha no conduce a nada.

Lo que habría que hacer ahora sería revisar minuciosamente la obra, ejecutar un nuevo proyecto y comenzar en seguida con el trabajo, fresco como un joven. Este sería el trabajo necesario, para el cual, dicho sea de paso, es naturalmente demasiado tarde, pero sería el trabajo a realizar, y de ningún modo la excavación de una larga zanja de tanteo que sólo tendría por consecuencia dedicarme con todas mis energías e indefensamente a la búsqueda del peligro, en la estúpida suposición de que éste no supiera aproximarse con suficiente prisa. Y de pronto no comprendo mi plan anterior. En lo que antes era lógico no encuentro ahora la menor lógica, de nuevo abandono el trabajo y dejo de escuchar. No quiero encontrar nuevos argumentos; he hecho demasiados hallazgos. Lo dejo todo. Me conformaría con calmar la lucha interior.

De nuevo dejo que me alejen las galerías, llego a otras cada vez más lejanas, todavía no vistas después de mi regreso, todavía no tocadas por mis zarpas, cuyo silencio se despierta cuando me aproximo y desciende sobre mí; no me entrego, sigo a la carrera, sin saber en realidad qué busco. Probablemente, tan sólo un aplazamiento. Me alejo tanto que llego hasta el laberinto; me tienta aplicar el oído a la capa de musgo: cosas muy lejanas, muy lejanas por el momento, atraen mi interés. Avanzo hasta arriba y escucho. Profundo silencio. ¡Qué agradable! Nadie se ocupa allí de mi obra, cada cual tiene sus asuntos sin relación conmigo. ¿Cómo he conseguido esto? Este sitio junto al musgo es tal vez el único en la construcción en que puedo escuchar tranquilo, durante horas. Una completa inversión de las circunstancias: lo que antes era un lugar de peligro se ha convertido en lugar de paz, la plaza fuerte en cambio ha sido ahora en el ruido del mundo y en sus peligros. Y, lo que es peor aún, en realidad tampoco hay paz; nada ha cambiado, con silencio o sin él, el peligro espera como antes encima del musgo, sólo que me he hecho insensible a él, demasiado ocupado con los zumbidos de mis paredes. ¿Estoy ocupado con ello? Se intensifica, se acerca; pero yo serpenteo a través del laberinto, me instalo aquí arriba bajo el musgo; casi es como si abandonara mi casa al silbador, conformándome con tener un poco de calma aquí arriba; ¿El silbador? ¿Es que tengo una nueva opinión precisa acerca del origen del ruido? ¿No era ésa mi opinión precisa? Creo no haberme apartado de ella. Y si no en forma directa, al menos indirectamente provendrá de ellas. Y si no hay ninguna relación, entonces no se puede opinar nada concreto hasta encontrar la causa, o hasta que ella aparezca por sí misma. Con presunciones se la podría considerar ahora, se podría, por ejemplo, decir que en algún lugar lejano se ha producido un curso de agua, y que lo que parece siseo o silbido es en realidad murmullo. Pero, aparte de que en esa materia no tengo experiencia —la capa de agua que encontré al principio la he desviado en seguida y no ha vuelto a presentarse, debido a la índole arenosa del suelo—, aparte de eso no es posible confundir siseo con murmullo. Todos los deseos de tranquilidad son inútiles, la imaginación no se detiene, y me aferro a la creencia —es inútil querer negar esto— de que el siseo proviene de un animal, no de muchos y pequeños, sino de uno solo y grande. Claro que hay circunstancias que parecen indicar lo contrario. Por ejemplo, la de que se oiga el ruido en todas partes y con la misma intensidad, tanto de día como de noche. Por cierto, habría que inclinarse más bien por muchos animales pequeños, pero como, no los he encontrado durante mis excavaciones, sólo queda la suposición de la existencia del gran animal, máxime teniendo en cuenta que lo que parecería estar en contradicción con esta hipótesis no torna al animal imposible, sino tan sólo inimaginablemente peligroso. Sólo por esto me resisto a admitir su existencia. Pero ahora abandono el autoengaño. Hace mucho que me ronda la idea de que es audible a gran distancia porque cava frenéticamente, porque avanza taladrando la tierra a la velocidad de un paseante que se desplaza por una galería libre; la tierra tiembla cuando él cava, también cuando ya se ha alejado; con la distancia esta vibración se une con el ruido del trabajo mismo, y yo, que oigo sólo estas últimas vibraciones, las percibo con uniformidad en todas partes. Contribuye a ello el hecho de que el animal no avanza hacia mí; por eso no se altera el ruido; hay más bien un plan cuyo sentido no consigo penetrar; sólo supongo que el animal me cerca —sin que ello signifique que conozca mi existencia—, más aún, que ya ha trazado algunos círculos alrededor de la obra desde que lo observo. Me da la naturaleza mucho que pensar del ruido, el siseo o el silbido. Cuando escarbo o araño la tierra es completamente distinto. Sólo consigo explicarme el siseo pensando que la herramienta principal del animal no son sus garras, con las cuales tal vez sólo se ayuda, sino el hocico o la trompa, los que aparte de su enorme potencia han de tener una especie de filo. Probablemente encaja la trompa en la tierra con un solo golpe violento, arrancando un gran trozo; durante este tiempo yo no oigo nada, ese es el intervalo, pero luego absorbe aire para el golpe siguiente. Esta succión, que debe producir un ruido que hace retemblar la tierra, no sólo por la fuerza del animal, sino también por su prisa, por su frenesí de trabajo, yo lo percibo como un leve siseo. Sigue siendo, sin embargo, por completo incomprensible su capacidad de trabajar interminablemente; tal vez los pequeños intervalos contengan la posibilidad de un brevísimo descanso, porque a un descanso verdadero no ha llegado jamás, cava de día y de noche, siempre con la misma intensidad y energía, con el plan siempre en vista, un plan que hay que cumplir con urgencia y para cuya ejecución posee las condiciones. Ciertamente, no había esperado un enemigo tal. Pero aparte de sus peculiaridades, se cumple ahora algo que siempre debí temer, algo contra lo cual siempre debí estar preparado. ¡Se acerca alguien! ¿Cómo durante tanto tiempo todo transcurrió felizmente y en silencio? ¿Quién ha guiado los caminos de los enemigos para que describan los grandes arcos alrededor de mi propiedad? ¿Por qué fui protegido, tanto tiempo para ser espantado ahora de este modo? ¿Qué eran todos los pequeños peligros, en cuya imaginación y estudio pasaba mi tiempo, al lado de este mayúsculo peligro? ¿Esperaba, como propietario de la construcción, tener supremacía sobre cualquier enemigo que se presentara? Precisamente, como propietario de esta obra grande y delicada, estoy inerme frente a cualquier ataque serio. La dicha de poseerla me ha ablandado, la delicadeza de la obra me ha hecho delicado, sus lesiones me duelen como si fueran mías. Justamente esto es lo que debí prever, no pensar tan sólo en mi propia defensa —¡y aun esto con qué ligereza y falta de resultados lo he realizado!— sino en la defensa de la obra. Ante todo debieron haberse tomado disposiciones para que algunas partes de la obra, y en lo posible muchas de ellas, cuando fuesen atacadas, pudiesen ser aisladas de las menos expuestas, con derrumbamientos al instante, y constituidos por masas de tierra tales, y con un aislamiento tal, que el atacante ni siquiera pudiese sospechar que ahí detrás estuviera la verdadera obra. Más aún: estos derrumbamientos debieran ser apropiados, no sólo para ocultar la obra, sino también para sepultar al atacante. No he hecho absolutamente nada para algo semejante; nada, absolutamente nada, ha sucedido en ese sentido; he sido inconsciente como un niño, he pasado mis años adultos en juegos infantiles, hasta con la idea de los peligros he jugado, omitiendo pensar realmente en los verdaderos peligros. Y no me han faltado advertencias.

Desde luego, nada que se acerque en importancia a lo de ahora ha sucedido; pero en las primeras épocas de la construcción hubo algo que se le parecía. La principal diferencia consistía precisamente en que eran las primeras épocas de la construcción. Yo entonces aún trabajaba casi como un pequeño aprendiz en la primera galería —el laberinto estaba proyectado en líneas generales—, ya había vacilado una pequeña plaza, pero sus dimensiones y el tratamiento de las paredes era un fracaso; bien, todo estaba de tal modo en los comienzos que sólo podría valer como ensayo, algo que, a poco que falte la paciencia, se podría abandonar, repentinamente sin la mayor pena. Entonces sucedió durante uno de mis descansos —siempre hubo en mí demasiados intervalos para descansar—, yaciendo entre montones de tierra, que se oye de pronto un ruido a lo lejos. Joven como era, más que atemorizarme, despertó mi curiosidad. Dejé el trabajo y me dediqué a escuchar; continuamente escuchaba, y no corrí a tenderme bajo el musgo para no privarme de escuchar. Al menos escuchaba. Lograba distinguir muy bien que se trataba de un trabajo semejante al mío, aunque sonaba con más debilidad pero no se podía saber en qué grado esta diferencia debía atribuirse a la distancia. Estaba intrigado, pero tranquilo. Quizá —pensé— estoy en una construcción ajena y el dueño cava ahora en mi dirección. Si se hubiera comprobado la exactitud en otra parte, pues nunca he tenido ansias de conquista o de ataque. Pero, ciertamente, yo era todavía joven y todavía no tenía obra, podía permanecer tranquilo. Tampoco el posterior transcurso de los hechos me trajo mayor excitación; interpretarlos era lo que no resultaba fácil. Si el que allí cavaba tendía verdaderamente hacia mí porque me había oído cavar, cuando cambiara su rumbo —como sucedía ahora realmente— no podía determinarse si lo hacía porque mi intervalo de descanso lo privaba de todo punto de referencia para su marcha, o más bien porque él mismo cambiaba de propósitos. También podía ser que yo me hubiese engañado por completo y que él nunca se hubiese dirigido a mí; lo cierto es que el ruido aumentó todavía por un tiempo, como si se acercara; joven como era, no me hubiera desagradado que el cavador surgiese de repente de la tierra, pero no sucedió nada por el estilo, y a partir de determinado momento el ruido comenzó a debilitarse, se hizo cada vez más lejano, como si el cavador se desviase gradualmente de su primitiva dirección, y de pronto todo cesó como si él hubiese optado plenamente por una dirección opuesta y se alejara con decisión. Durante mucho tiempo seguí escuchando el silencio antes de reanudar el trabajo. Por cierto esta advertencia fue bastante clara, pero bien pronto la olvidé, y apenas si se tradujo en alguna modificación de mis proyectos de construcción.

Entre entonces y hoy media mi edad adulta, pero es como si no mediara nada, hoy como entonces hago grandes pausas, y escucho junto a la pared; últimamente el cavador ha cambiado de intención, ha vuelto, regresa de su viaje, cree que me ha dejado suficiente tiempo para disponerme a recibirlo. Pero de mi parte todo está menos dispuesto que entonces; la gran obra yace como entonces inerme; aunque ya no soy un pequeño aprendiz, sino un maestro de obra, las energías que me restan fracasarán en el momento de la decisión; a pesar de mi edad avanzada me parece que quisiera ser más viejo aún, tan viejo que ya no pudiera levantarme de mi lecho bajo el musgo. Porque en realidad no aguanta más, me levanto, corro hacia abajo, hacia la casa, como si aquí, en vez de paz me hubiese llenado sólo de tribulaciones. ¿Cómo quedaron las cosas últimamente? ¿El siseo se ha debilitados? No; ha ganado en fuerzas. Escucho en diez lugares al azar y noto claramente el engaño, el siseo continúa igual, nada ha cambiado. Allí enfrente no se producen cambios, allá se está tranquilo, por encima del tiempo; aquí en cambio cada instante sacude al oyente. Y deseando el largo camino hasta la plaza fuerte, todo el contorno me parece excitado, parece mirarme, parece en seguida desviar la vista para no molestarme, y se esfuerza de nuevo para leer en mi gesto las resoluciones salvadores. Muevo la cabeza; todavía no las tengo. Tampoco voy a la plaza principal para ejecutar allí algún plan. Paso por el lugar en que había querido hacer la zanja de explotación, lo estudio de nuevo, hubiera sido un buen lugar, la zanja habría seguido la dirección en que se hallan la mayoría de los conductos de aire, que me hubieran facilitado el trabajo, tal vez no hubiese tenido que cavar muy fatigosamente, ni siquiera me hubiese visto obligado a cavar hacia el ruido, tal vez hubiese bastado pegar el oído a los conductos. Pero ninguna consideración es capaz de animarme a emprender este trabajo. ¿Esta zanja debe traerme la certidumbre? He llegado a un extremo en que ni siquiera deseo la certidumbre. En la plaza fuerte elijo un buen pedazo de carne roja, sin cuero, y me escondo con él, en un montón de tierra; allí habrá silencio en la medida en que el silencio es todavía posible aquí. Me deleito con la carne; me acuerdo todavía alguna vez del animal desconocido que traza su ruta a distancia, y después pienso que mientras me sea posible debo disfrutar suculentamente de mis provisiones. Esto último es probablemente el único plan a ejecutar. Por lo demás, trato de descifrar el del animal. ¿Está de viaje o trabaja en su propia construcción? Si se halla de viaje, tal vez fuese posible un entendimiento con él. Si realmente irrumpiera hasta mí, entonces podría darle algo de mis provisiones y él seguiría. Sí, seguiría. En mi montón de tierra puedo soñarlo todo, hasta con ciertos acuerdos aunque sé con seguridad que no son posibles ya que en el mismo instante en que nos veamos, mejor, cuando nos sospechemos próximos, sin vacilaciones, simultáneamente prepararemos las garras y los dientes uno contra el otro con renovada hambre aunque estemos llenos hasta el hartazgo. Y como siempre en este caso, con pleno derecho: ¿quién, aunque estuviera de viaje, no alteraría a la vista de la obra sus proyectos y propósitos? Pero tal vez el animal cava en su propia obra; entonces ni siquiera podría soñar con un acuerdo. Aunque se tratara de un animal extraño y que su obra tolerara vecindades, la mía no las tolera, al menos no las de tipo audible. Ahora el animal parece hallarse a gran distancia; si se alejara un poco más, también desaparecería el ruido, quizá todo volvería a arreglarse, a ser como en los buenos tiempos; todo no dejaría de ser una amarga experiencia, pero beneficiosa; me incitaría a realizar diversas mejoras; cuando tengo paz y el peligro no apremia de manera inmediata, todavía soy capaz de trabajos considerables; quizás el animal renuncie, en vista de las extraordinarias posibilidades que parecen inherentes a su capacidad de trabajo, a la extensión de su obra en dirección a la mía y se resarza de ello en algún otro lado. Pero, como es natural, esto no es alcanzable por negociaciones, sino sólo por la voluntad del animal o por una amenaza que yo pudiese ejercer. En ambos casos será decisivo establecer si el animal sabe algo acerca de mí y qué sabe. Cuanto más reflexiono acerca de esto se me figura más improbable que me haya oído; es posible, imaginable, que tenga noticias mías, pero con toda seguridad que no me ha oído. Mientras no supe nada de él, no pudo oírme en absoluto, pues permanecí silencioso —no hay nada más silencioso que el reencuentro con la obra—, luego, cuando hice las excavaciones de explotación, habría podido oírme a pesar de que mi manera de cavar produce poco ruido; y si me hubiera oído yo habría notado algo, porque al menos habría tenido que interrumpirse con frecuencia en su trabajo para escuchar.

...Pero todo permaneció sin alteración...

INVESTIGACIONES DE UN PERRO

¡En qué forma ha cambiado mi vida, sin cambiar en el fondo! Si retrocedo con el pensamiento y evoco los tiempos en que aún vivía en medio de la perrera, participando en cuanto interesa a los perros, un perro entre perros, encuentro, si advierto más detenidamente, que siempre hubo algo que funcionaba mal, que existía una pequeña grieta y que un ligero malestar me acometía en el curso de los más solemnes actos públicos; a veces también en los círculos privados; no, no a veces, sino muy a menudo, la simple visión de uno de mis semejantes perrunos, considerado de pronto de otra manera, me turbaba, me asustaba, dejándome indefenso y desesperado. Traté de tranquilizarme; algunos amigos, a los que confesé esto, me ayudaron; luego llegaron épocas más tranquilas, en las que si bien no faltaban aquellas sorpresas, se las consideraba con más ecuanimidad y como venían se las incorporaba a la existencia; tal vez entristecían y cansaban, pero en lo demás me permitían subsistir, un poco retraído, temeroso, calculador, sí, pero en resumidas cuentas, todavía un perro cabal. ¿Cómo hubiera podido alcanzar sin esos períodos de descanso la edad de que hoy gozo; cómo hubiese podido luchar y abrirme camino hacia la serenidad desde la cual contemplo los terrores de mi juventud y la vejez; cómo hubiese podido llegar a sacar conclusiones de mi —como lo reconozco— desgraciada o, para expresarle más cautelosamente, no muy feliz disposición, y vivir conforme a ellas? Retirado, solitario, ocupado en investigaciones, sin esperanzas, aunque para mí indispensables, así vivo, pero sin perder de vista a mi pueblo. A menudo me llegan noticias y a veces también doy alguna señal de vida. Se me trata con consideración, sin comprender mi real naturaleza; pero no lo tomo a mal e incluso los perros jóvenes, que veo cruzar alguna vez a lo lejos —una nueva generación—, de cuya infancia me acuerdo oscuramente, no me niegan su respetuoso saludo.

No hay que perder de vista que, a pesar de todas mis rarezas, traslúcidas como la luz, sigo perteneciendo a la especie. Es verdaderamente curioso —pienso, y para hacerlo tengo tiempo y ganas y disposición— lo que pasa con la condición perruna. Fuera de nosotros, los perros, hay muchas especies de animales: pobres seres minúsculos, casi mudos, capaces solamente de algunos gritos; muchos de nosotros, los perros, los estudian, les han dado nombre, tratan de ayudarlos, de educarlos, ennoblecerlos, etcétera. A mí me son indiferentes; basta con que no me molesten; los confundo unos con otros, apenas los veo. Hay sin embargo algo llamativo: la poca solidaridad que reina entre ellos, si se los compara con nosotros, la indiferencia y hasta la hostilidad con que se tratan, al extremo de que sólo los más burdos intereses parecen unirlos; y aun estos intereses originan a menudo odios y peleas. ¡Nosotros, los perros, en cambio!... Puede decirse que todos vivimos agrupados, por más que nos diferencien los caracteres adquiridos a través del tiempo. ¡Todos agrupados! Ese es el impulso y nada puede refrenarlo; todas nuestras leyes e instituciones, las pocas que todavía conozco y las innumerables que he olvidado, tienden a satisfacer el anhelo hacia la suprema dicha de que somos capaces: la cálida convivencia. Y ahora la otra cara del asunto: entiendo que ningún ser vive tan ampliamente diseminado como el perro; en ninguno se manifiestan tantas diferencias en realidad inabarcables, por razón de clase, tipo, ocupación; nosotros que deseamos permanecer unidos —y siempre y a pesar de todo logramos momentos extraordinarios—, precisamente nosotros, vivimos separados desempeñando oficios extraños, desconocidos hasta para los congéneres más inmediatos, sujetos a prescripciones que no son las de la perrada, que más bien están orientadas contra ella. Estas son cuestiones tan complejas, cuestiones que, por lo general, se prefiere eludir —comprendo también este punto de vista, hasta lo comprendo mejor que el mío— y a las que sin embargo me he entregado por completo. ¿Por qué no hago como los demás, por qué no vivo en armonía con mi pueblo, sin dar importancia a lo que turba precisamente esta armonía, considerándolo como un simple fallo dentro del gran conjunto; por qué no me oriento hacia lo que nos une en felicidad, no a lo que naturalmente —siempre también en forma irresistible— nos arranca del círculo de nuestro pueblo?

Recuerdo un suceso de mis primeros años. Experimentaba la feliz e inexplicable excitación que sin duda todos experimentamos en la niñez; era un perro muy joven; todo me gustaba, todo se refería a mí; creía que grandes cosas sucedían a mi alrededor porque yo era su motor, y que debía conferirles mi voz, cosas que permanecerían miserablemente en tierra si yo no me afanaba y corría y agitaba mi cuerpo por ellas; en suma, fantasías de la niñez que desaparecen con los años. Pero en aquella época eran poderosas, me subyugaban y, efectivamente, sucedió algo extraordinario que parecía justificar mis caóticas esperanzas. En sí no era nada muy extraordinario —más tarde he visto cosas semejantes y más extrañas aún—, pero me afectó con la fuerza de la primera impresión, imborrable y orientadora. Tropecé con un pequeño grupo de perros, mejor dicho, no tropecé con él, porque vinieron a mi encuentro. Yo había caminado largamente en la oscuridad, con el presentimiento de grandes sucesos —presentimiento que, por constante, me inducía fácilmente a error—, había caminado mucho sin rumbo, ciego y sordo a todo, impulsado sólo por mi deseo impreciso; me detuve con la repentina sensación de haber llegado a buen lugar; levanté la vista y vi que era de día, un día muy luminoso, con algo de bruma, lleno de entreverados y mareantes oleajes de perfumes; saludé la mañana con turbulentas voces y, entonces, como si los hubiese conjurado, siete perros surgieron de la oscuridad y se presentaron a la luz, con un ruido espantoso, como no había oído jamás. Si no hubiese visto con claridad que se trataba de perros y que ellos portaban el ruido, aunque no podía precisar cómo lo hacían, hubiera huido. Me quedé, pues. Entonces no sabía casi nada del don creativo musical conferido exclusivamente a los perros; había escapado a mi poder de observación que se hallaba en lento desarrollo; tal vez porque la música me rodeaba desde la lactancia como elemento vital cotidiano, indispensable, que nada me obligaba a diferenciar de la vida misma; sólo con indicaciones adaptadas a la mentalidad infantil se había tratado de señalármela; tanto más sorprendentes, casi abrumadores, me resultaron aquellos grandes artistas. No hablaban ni cantaban, más bien callaban obstinadamente; pero como por arte de magia, extraían su música del espacio vacío. Todo era música, las subidas y bajadas de las patas, determinados giros de las cabezas, el andar y el reposo, sus posiciones respectivas, los pasos como de contradanza originados cuando, por ejemplo, cada cual afirmaba las patas delanteras en el lomo del precedente de manera que el primero sostenía, erguido, el peso de los demás, o cuando formaban entrelazadas figuras que se arrastraban, cerca del suelo, sin equivocarse jamás. El último de ellos, todavía un poco inseguro, no encontrando de inmediato la conexión con los otros y en cierto modo vacilante al iniciarse la melodía, lo era sólo comparado con la magnífica seguridad de los otros; y aunque lo fuese por completo, no habría podido echar a perder nada porque los otros, grandes maestros, mantenían inconmoviblemente el compás. ¡Pero si apenas se les veía! Se habían adelantado, se los había saludado ya con anterioridad como a perros a pesar de la confusión creada por el estruendo que los acompañaba; sí, eran perros, perros como tú y yo, uno quería acercárselas, intercambiar saludos, estaban muy próximos, eran perros ciertamente mucho más viejos que yo y no de mi especie lanuda, pero tampoco muy distintos en tamaño y aspecto; al contrario, resultaban muy familiares; yo conocía a muchos de esa especie o de otra parecida, pero mientras estaba entretenido en tales reflexiones, la música comenzaba a predominar; lo cogía materialmente a uno, lo apartaba de estos pequeños perros reales, y a pesar de resistirse con todas las fuerzas, aullando como si le causaran daño, no podía ya ocuparse de otra cosa que de la música procedente de todas partes, de arriba, de abajo, arrastrando al oyente, sepultándolo y aplastándolo; que al aniquilarlo a uno estaba tan próxima que de inmediato parecía lejanísima, soplando trompetas apenas audibles, y de nuevo uno era despedido porque ya estaba demasiado agotado, aniquilado, demasiado débil para seguir escuchando; era despedido y veía a los siete perritos realizar sus evoluciones, ejecutar sus saltos; uno quería, a pesar de su aspecto inaccesible, llamarlos, preguntarles, averiguar qué hacían allí —yo era una criatura y me creía autorizado a preguntar a todo el mundo— pero apenas comenzaba, apenas sentía el fluido de la buena y cálida comunicación con los siete, cuando la música había vuelto, me quitaba el sentido, me hacía girar en círculos, como si yo mismo fuera uno de los músicos, cuando sólo era una de sus víctimas, y me arrojaba de un lado para otro, por más que implorara clemencia. Por fin me salvó su violencia misma, apretándome en una pila de maderas que hasta entonces no había advertido. Al abrazarme con firmeza y bajar la cabeza me daba al menos la posibilidad de resollar, aunque en el exterior siguiera tronando la música. Verdaderamente, más que el arte de los siete perros —incomprensible para mí, porque sobrepasaba en mucho mis facultades de aprehensión— me maravillaba su valor de exponerse por entero y abiertamente al resultado de su propio arte y de soportarlo, aunque iba más allá de sus fuerzas, sin que se les quebrara el espinazo. Por cierto que yo comprobaba ahora desde mi escondrijo, mirando mejor, que no trabajaban con tanta calma, sino más bien con extremo esfuerzo; estas patas movidas en apariencia con tal seguridad, temblaban a cada paso en interminables palpitaciones; rígidos, como desesperados, se miraban unos a otros, y la lengua, una y otra vez dominada, tornaba también una y otra vez a colgar mustia. Y no podía ser que los excitara así el temor al fracaso; los que tanto arriesgaban, los que lograban tanto, no podían ya tener miedo. ¿Miedo a qué? ¿Quién los obligaba a realizar lo que allí estaban haciendo? Y ya no pude contenerme, sobre todo porque ahora me parecían necesitados de ayuda, y grité mis preguntas a través del ruido, alta e imperiosamente. Pero ellos —¡incomprensible! ¡incomprensible!— no contestaron, actuaron como si yo no existiera. ¡Perros que ni siquiera contestan a una llamada de perro, un atentado imperdonable a las buenas costumbres inconcebible en ninguna circunstancia, ni en el más grande ni en el más pequeños de los perros! ¿Y si no fueran perros? Pero cómo podían no ser perros si ahora oía, al escuchar mejor, las suaves voces con que se azuzaban unos a otros, se hacían notar ciertas dificultades, se advertían ciertos errores, hasta veía al último perro, al más pequeño, al que estaban destinadas la mayoría de las voces, entrecerrar los ojos hacia mí con frecuencia, como si tuviese ganas de contestarme, pero dominándose porque no debía ser. ¿Pero por qué no debía ser, por qué lo que nuestras leyes exigen siempre incondicionalmente no podía ser en este caso? Me sentía indignado casi hasta olvidar la música. Estos perros violaban la ley. Aunque fueran grandes magos la ley era válida también para ellos, eso lo comprendía yo muy bien aunque fuera una criatura. Y noté aún más. En realidad tenían motivo para callar, en el supuesto de que callaran por sentimiento de culpa. Porque, ¿cómo se conducían? La música me había impedido notarlo; los muy desdichados, arrojando de sí toda vergüenza, hacían lo más ridículo y lo más indecente: caminaban erguidos sobre las patas traseras. ¡Horror! Se desnudaban y llevaban procazmente a la vista su desnudez; se gozaban en ello y si alguna vez obedecían al sano instinto y bajaban las manos parecían asustarse, como si fuera un error, como si la naturaleza fuese un error, y volvían a levantarse en seguida, sus miradas parecían pedir disculpas por haber interrumpido de momento sus prácticas pecaminosas. ¿Estaba el mundo al revés? ¿Dónde me hallaba? ¿Qué había pasado? Aquí ya no pude vacilar, la existencia misma estaba en juego; me solté de las maderas que me aprisionaban y me adelanté de un salto, quería llegar hasta los perros; de pequeño discípulo debía convertirme en maestro, hacerles comprender lo que hacían, evitar que cayeran en ulteriores pecados. "Unos perros tan viejos, unos perros tan viejos", me repetía, Pero apenas estuve en libertad —sólo dos, tres saltos me separaban de ellos— el ruido volvió a adueñarse de mí. Tal vez, como ahora ya lo conocía, aunque era espantoso, le habría podido oponer resistencia; luchar contra él, si a través de toda la plenitud sonora no se hubiese mantenido un sonido claro, severo, siempre igual a sí mismo, como si llegase invariablemente de gran distancia y pareciera constituir la verdadera melodía en medio del ruido. Me obligó a caer de rodillas. ¡Qué embaucadora era la música de estos perros! No lograba avanzar, ya no quería educarlos; que siguieran despatarrándose, que siguieran cometiendo pecados e induciendo a otros al silencioso pecado de contemplar; yo era un perro demasiado pequeño; ¿cómo se podía esperar de mí acción tan ardua? Me acurruqué aún más, gimoteando, y si los perros me hubiesen preguntado mi opinión tal vez les hubiese dado la razón. Afortunadamente, no tardaron en irse; con todo su ruido y toda su luz desaparecieron en la oscuridad por donde habían salido.

Como ya he dicho, en este suceso no había nada de extraordinario; en el transcurso de una larga vida se ven muchas cosas que, aisladamente y miradas con ojos infantiles, serían aún más extraordinarias. Además, el caso podía presentarse en otra forma, como todo. Porque, se podía argüir, en definitiva, que los siete músicos se habían reunido para hacer música en el silencio matutino; un perrillo se había extraviado hasta llegar a ellos, un oyente molesto, al que en vano habían intentado ahuyentar con música terrible o sublime. Los importunaba con preguntas, ¿debían ellos, ya fastidiados por su simple presencia, agravar la molestia y agrandarla contestando? Y si bien la ley ordena contestar a todo el mundo, ¿era en realidad alguien ese perrito insignificante llegado de cualquier parte? Acaso ni siquiera lo comprendían, pues ladraba sus preguntas en forma casi ininteligible. O tal vez lo comprendían y, sobreponiéndose, le contestaba, pero él, el pequeño, inhabituado a la música, no sabía separar ésta del ruido. Y en lo que se refiere a las patas traseras, es probable, sí, que caminaran excepcionalmente sobre ellas; es un pecado, sí, pero estaban solos, eran amigos entre amigos, en una reunión íntima, en cierto modo entre cuatro paredes y completamente solos, ya que los amigos no son públicos, ni tampoco lo es un pequeño y curioso perro callejero. En resumen: ¿no era como si no hubiese sucedido nada? No es así del todo, pero sí en aproximación. Los padres debieran cuidar más a sus hijos y enseñarles mejor a callar y a respetar las canas.

Y si uno llega a este punto, el caso está terminado. Ciertamente, lo que está terminado para los mayores, no lo está para los pequeños. Corrí y conté y pregunté; acusé y averigüé, quería arrastrar a todos hasta el lugar del suceso, quería mostrar a todos dónde estaba yo y dónde los siete, y cómo y dónde habían bailado y ejecutado su música, y si alguien, en vez de rechazarme y reírse de mí, hubiese venido conmigo, entonces tal vez hubiese sacrificado mi pureza y habría intentado elevarme sobre las patas traseras, para dejarlo todo bien en claro. En fin, todo lo que hace una criatura está mal, pero afortunadamente también se le perdona todo. Yo, sin embargo, maduré sin perder esta cualidad infantil. Así como en aquel entonces no terminaba de comentar el suceso en alta voz —suceso que desde luego hoy me parece poco importante— y de dividirlo en partes, y de apreciarlo a la luz del criterio de los presentes, importunándolos sin consideración, ocupado tan sólo con mi asunto, que yo encontraba tan molesto como todos los demás y precisamente por eso —ahí estaba la diferencia— digno de ser aclarado a fondo, para poder por fin recuperar la libertad y ocuparme de la vida cotidiana, ordinaria, tranquila y feliz; así como entonces, exactamente —aunque con medios menos pueriles, si bien la diferencia no es muy grande— seguí trabajando después y sigo todavía hoy, sin detenerme.

Todo comenzó con aquel concierto. No me quejo; es innato en mí, y si el concierto no hubiese ocurrido, mi naturaleza habría buscado otra oportunidad para manifestarse. Sólo que algunas veces me apena que sucediera tan pronto; me privó de gran parte de mi niñez; la feliz existencia de los cachorros, que algunos son capaces de prolongar durante años, fue para mí de sólo pocos meses. Ya pasó. Hay cosas más importantes que la infancia. Y tal vez me espera en la vejez, como premio por tan dura existencia, más dicha infantil que la que podría soportar un niño verdadero, pero que yo tendré fuerzas para soportar.

Comencé entonces con mis investigaciones sobre las cuestiones más sencillas; no me faltaba material; lamentablemente, fue la superabundancia de éste la causa de mi desesperación en horas oscuras. Comencé a averiguar de qué se alimentaba la perrada. Esta no es, si bien se mira, pregunta fácil de contestar; nos ocupa desde los primeros tiempos; es el principal objeto de nuestras meditaciones; las observaciones, experimentos y puntos de vista fueron innumerables en este terreno; se convirtieron en una ciencia que por su enorme amplitud excede lo abarcable por un individuo, y también por todos los sabios; que únicamente puede ser soportada por toda la perrada, y esto sólo en parte y no sin suspiros, ello sin hablar de las dificultades y de las condiciones previas casi imposibles de cumplir, que exigen mis investigaciones. No es necesario que todo eso se me señale, lo sé tanto como cualquier perro; no pienso propasarme con la verdadera ciencia, le guardo el respeto que merece; pero para aumentarlo, me falta saber, constancia, calma y —no en último término y especialmente durante los últimos años— también el apetito. Trago la comida sin demorarme en disquisiciones económicas. Me basta en este aspecto la quintaesencia del saber, la pequeña regla, con la cual las madres destetan a los pequeños y los dejan partir hacia la vida: "Riega todo lo que puedas." ¿Es que esto no lo dice casi todo? ¿Ha podido la investigación agregar a ello algo esencial, comenzando desde los tiempos de nuestros más remotos antepasados? Pormenores, nada más que pormenores. Y todos inseguros. En cambio, esta regla permanecerá inconmovible mientras haya perros. Se refiere a nuestro principal alimento. Desde luego, todavía hay medios accesorios, pero en caso de necesidad y si los años no fueran demasiado malos, podríamos vivir de este alimento principal, que encontramos en la tierra; la tierra necesita de esa agua nuestra y sólo a este precio nos suministra alimento, cuya producción, esto tampoco hay que olvidarlo, puede desde luego acelerarse con determinados dichos, cantos y movimientos. A mi juicio, esto sería todo: nada fundamental puede agregarse al respecto. Estoy de acuerdo con la gran mayoría de la perrada y doy la espalda, firme y severamente, a las opiniones heréticas sobre la materia. No, no trato de distinguirme ni de tener razón; me siento feliz cuando puedo coincidir con mis conciudadanos, y ello sucede en este caso. Pero mis propios trabajos se orientan en otra dirección. La simple observación me enseña que la tierra, si se la rocía y trabaja según las normas científicas, entrega alimentos de tal calidad y en tales cantidades, de tal manera, en tales lugares y a tales horas, según las leyes parcial o totalmente establecidas por la ciencia. Eso lo doy por sentado, pero mi pregunta es: "¿De dónde saca la tierra estos alimentos?" Pregunta que en general se simula no comprender o a la que se contesta en el mejor de los casos: "Si no tienes bastante de comer, te daremos de lo nuestro." Obsérvese esta contestación. Ya sé, no cuenta entre las ventajas de la perrada distribuir los alimentos una vez logrados. La vida es dura, la tierra árida, la ciencia rica en comprobaciones, pero bastante pobre en resultados prácticos; el que tiene alimentos los conserva; eso no es egoísmo, sino todo lo contrario, ley de perros, unánime resolución popular, lograda después de sobreponerse precisamente al egoísmo, ya que los que poseen son los menos. Por eso aquella contestación de "si no tienes bastante para comer, te daremos de lo nuestro" es sólo una frase hecha, una broma, una burla. No lo he olvidado. Pero tanto mayor significado tiene el hecho de que tratándose de mí —que entonces rodaba por el mundo con estas preguntas— se dejara de lado la burla; si bien no se me daba alimento —¿de dónde se lo hubiera podido sacar?— y si por casualidad se tenía, en la urgencia del hambre se olvidaba cualquier otra consideración; los ofrecimientos eran siempre serios, y aquí y allá obtenía efectivamente alguna pequeñez si me apresuraba a atraparla. ¿Por qué fui objeto de un tratamiento especial? ¿Por qué se me respetó y se me prefirió? ¿Porque era un animal flaco, débil, mal alimentado y demasiado despreocupado de la comida? Andan por el mundo muchos perros mal alimentados y si se puede se les quita de la boca el más miserable alimento, con frecuencia no por voracidad, sino casi siempre por principio. No; se me prefería; no podría quizás entrar en pormenores, pero tenía la exacta impresión de ello. ¿Divertirían mis preguntas acaso? ¿Se las encontraba especialmente juiciosas? No; mis preguntas no divertían y se las encontraba tontas. Y, con todo, sólo podían ser las preguntas las que habían atraído la atención sobre mí. Era como si se prefiriese hacer cualquier cosa, taparme la boca con comida, por ejemplo —no se lo hacía, pero se tenía la intención—, antes de tolerar mis preguntas. Pero se me hubiera podido ahuyentar, prohibirme las preguntas. No, no se quería eso; no se quería oír mis preguntas; pero precisamente no se me quería expulsar por ellas. Por más que se rieran de mí y me trataran como a un animal pequeño y tonto, por más que se me empujara de un lugar para otro, aquel fue el tiempo en que llegué a gozar de mayor prestigio; nunca se repitió en adelante nada semejante; tenía acceso a todas partes y, con el pretexto de tratarme rudamente, se me lisonjeaba. Y todo sólo por mis preguntas, por mi impaciencia, por mis ansias de investigación. ¿Se me quería embaucar sin violencia, apartarme casi amorosamente de un camino equivocado, de un camino cuya falsedad sin embargo no estaba por encima de cualquier duda, puesto que no autorizaba a emplear la fuerza?... También un cierto respeto y temor se oponían al empleo de la violencia. Ya sospechaba en aquel entonces algo semejante, hoy lo sé con certeza, con más certeza que aquellos que actuaron entonces; es cierto, se me quiso apartar hábilmente de mi camino. No lo lograron; el resultado fue inverso: mi vigilancia se agudizó. Hasta se evidenció después que era yo quien trataba de apartar a los demás de su propio camino, propósito en el que tuvo éxito hasta cierto punto. Sólo con ayuda de la perrada comencé a comprender mis propias interrogaciones. Cuando yo preguntaba, por ejemplo: "¿De dónde saca la tierra este alimento?", ¿me interesaban entonces, como podría parecer, las preocupaciones de la tierra? En lo más mínimo; eso estaba, como pronto pude comprobar, lejos de mí; a mí me preocupaban sólo los perros, nada fuera de ellos. Porque, ¿qué hay fuera de los perros? ¿A quién recurrir fuera de ellos en el inmenso mundo vacío? Todo el saber, la totalidad de las preguntas y respuestas está contenida en los perros. ¡Si al menos este saber pudiera utilizarse, extraído a la luz del día; si al menos los perros no supieran tan infinitamente más de lo que reconocen saber, de lo que ante sí mismos admiten que saben! Pero el más locuaz de los perros es más hermético que los lugares donde se hallan los mejores alimentos. Se ronda a tal canino, se espumajea de avidez, se pelea con la propia cola, se pregunta, se ruega, se aúlla, se muerde y se logra... y se logra lo que se lograría también sin ningún esfuerzo: amabilidad, contactos-amistosos, honrosos olisqueos, estrechos abrazos, tu aullido y el mío unidos en uno solo, todo converge hacia allí, una dicha, un olvidar y un encontrar, pero lo único que deseaba alcanzar: la confesión del propio saber, eso se niega. A este ruego, silencioso o en alta voz, contestan en el mejor de los casos, cuando la insistencia se ha llevado al extremo, con aires obtusos, miradas oblicuas, ojos velados, turbios. Más o menos lo mismo que lo que sucedió cuando de niño clamé a los perros músicos y no me contestaron.

Se podría decir: "Te quejas de tus semejantes, de su silencio sobre las cosas decisivas; sostienes que saben más de lo que admiten saber más de lo que hacen valer en la vida; y esta reserva, cuyo motivo y secreto naturalmente también callan, te envenena la existencia, te la torna imposible, te impulsa a cambiarla o a abandonarla; pero si como es cierto eres también un perro, con saber de perro, entonces manifiéstalo no solamente en forma de pregunta, sino como respuesta. Porque, si lo expresaras, ¿quién se te resistiría? El gran coro de la perrada se levantaría como si hubiese esperado tu señal. Entonces tendrías tanta verdad y claridad y tantas confesiones como pudieras desear. El techo de esta vida ruin, que tanto criticas, se abriría, y todos, perro junto a perro, ascenderíamos hacia una libertad superior. Y aunque esto último no sucediera, si fuera peor que hasta ahora, si la verdad total fuese menos soportable que la parcial, si llegara a confirmarse que los silenciosos están en su derecho como protectores de la vida, y si la ligera esperanza que ahora todavía poseemos se trocara en desesperación total, el ensayo merece igualmente la pena puesto que no quieres vivir como te dejan vivir. Entonces: ¿por qué reprochas a los otros su mutismo cuando tú también callas?" Fácil respuesta: soy un perro. En lo esencial tan hermético como ellos, resistiéndome también a las mismas preguntas, rígido de miedo. ¿Pregunto acaso —al menos desde que soy adulto— para que se me conteste? No alimento tan absurdas esperanzas. Veo los fundamentos de nuestra vida, presiento su hondura, veo a los obreros en la construcción, en su obra oscura, ¿he, de esperar que gracias a mis preguntas todo se acabe, sea destruido, abandonado? No; ya no espero eso, desde luego. Los comprendo, soy sangre de su sangre, de su pobre sangre: siempre renovadamente joven y siempre renovadamente ansiosa. Pero no sólo tenemos en común la sangre, sino también el saber, y no tan sólo el saber, sino también las llaves para lograrlo. No lo poseo sin intervención de los demás, no puedo tenerlo sin ayuda. Los huesos duros, los de más noble tuétano, sólo son accesibles a las dentelladas conjuntas de todos los perros. Esta es desde luego sólo una analogía muy exagerada; si todos los dientes estuvieran preparados ya no necesitarían morder, el hueso se abriría y su tuétano estaría al alcance del cachorro más débil. Si me mantengo dentro de este símil debo decir que mis preguntas, mis investigaciones, tienden a algo mayor. Quiero lograr esta asamblea de todos los perros, quiero hacer que por la amenaza de todos los dientes se abra el hueso; quiero luego despedirlos para que vivan su vida, que les es cara, y quiero después, solo, absolutamente solo chupar el tuétano. Esto suena a monstruosidad, casi es como si no quisiera vivir del tuétano de un hueso, sino del tuétano de la perrada misma. Pero es sólo un ejemplo. El tuétano de que se habla aquí no es alimento, es lo contrario: es veneno.

Me azuzo con preguntas sólo a mí mismo; quiero encender, en el silencio que me rodea, la única réplica. ¿Durante cuánto tiempo lo soportarás? Esta es la pregunta vital, más allá de todas las demás. Me la dirijo a mí mismo; no molesta a los demás. Lamentablemente, es fácil de contestar: soportaré hasta que me llegue el final; a las preguntas inquietas se opone cada vez más la calma de la vejez. Estoy seguro que moriré en silencio, rodeado de silencio, casi en paz, pero estoy prevenido. Como para escarnio se nos ha dotado de un corazón admirable y de pulmones que no se desgastan prematuramente; resistimos a todas las preguntas, hasta las propias: somos verdaderos baluartes del silencio.

En los últimos tiempos reflexiono con mayor frecuencia sobre mi vida, busco el error decisivo que fue culpable de todo, pero no lo encuentro. Y sin embargo, debo de haberlo cometido, pues, si a pesar de no existir, el trabajo probo de toda mi vida no me hubiese permitido alcanzar la meta, ello demostraría que lo que me proponía era imposible, y habría que caer en la absoluta falta de fe, en la desesperanza. ¡La obra de una vida! Primero las investigaciones relativas a la pregunta: ¿De dónde toma la tierra nuestro alimento? Perro joven, ávido de vida, renuncié a todos los goces, evité toda diversión, sepulté la cabeza entre las patas ante las tentaciones y me puse a trabajar. No era un trabajo científico, ni por preparación ni por método, ni por finalidad perseguida. Tal vez haya habido en esto un error, pero no pudo ser decisivo. Aprendí poco; era muy joven cuando me vi separado de mi madre; me acostumbré muy pronto a la independencia; y la vida libre y la independencia precoz son poco propicias al aprendizaje sistemático. Pero he visto y oído mucho, y hablé con perros de las más diversas especies y oficios, y no asimilé mal ni relacioné mal las observaciones, lo que reemplazó un tanto el aprendizaje sistemático; además, aunque la independencia es un inconveniente para el estudio ordenado, se torna una ventaja para la investigación personal. Era tanto más necesaria en mi caso, cuanto que no podía seguir los métodos propios de la ciencia, es decir, utilizar los trabajos de los precursores y relacionarme con los investigadores de mi época. Entregado a mi propio esfuerzo, comencé desde el principio con el convencimiento, muy agradable para la juventud, pero abrumador para la vejez, de que el punto final que habría de colocar sería también el definitivo. ¿Pero estuve en realidad tan aislado en mis investigaciones? Sí y no. No es imposible que haya habido siempre, también hoy, algunos perros aislados en mi propia situación. Lo que no es tan grave; no me desvío ni el grosor de un pelo de la costumbre colectiva. Todos los perros sienten como yo el impulso de preguntar y yo, como ellos, el de callar. En cada uno existe el impulso de la pregunta. Si no fuera así, las mías no habrían provocado la menor conmoción, conmociones que me llenaban de dicha, dicha exagerada, además. Y en cuanto a mi tendencia a callar, lamentablemente no necesita demostración especial. Luego, en el fondo, no soy distinto de los demás; a pesar de todas las discrepancias, ellos me reconocerán y yo procederé como ellos. Tan sólo la dosificación de los componentes es distinta, diferencia que personalmente puede ser muy importante, pero que desde el punto de vista colectivo es mínima. ¿Y será posible que nunca, en el pasado y en el presente, la dosificación haya sido parecida a la mía, y si esta mezcla se llama desgraciada, que no haya habido otra más desgraciada aún? La experiencia parece indicar lo contrario. Los perros desempeñamos los oficios más extraordinarios, que nadie lo creería posible si no tuviésemos acerca de ellos noticias fidedignas. Cuando oí hablar de ellos por primera vez, no quise creer lo que se me decía. ¿Cómo? ¿Que había un perro muy pequeño, no más grande que mi cabeza, ni aun de raza en la edad adulta, y que a pesar de su débil constitución y de su apariencia artificioso, poco madura, relamida, y a pesar de ser incapaz de dar un salto decente, pudiera como se decía, desplazarse en el aire sin ningún trabajo aparente, descansando? Pretender convencerme de tales cosas me parecía un abuso a mi ingenuidad de cachorro. Pero poco después, en otro lugar, me volvieron a hablar de los perros voladores. ¿Se habían confabulado para burlarse de mí? Sin embargo, cuando vi a los perros músicos, ya todo me pareció posible; ningún prejuicio se oponía a mi capacidad de asimilación, he seguido el rastro de los rumores más descabellados, y lo más disparatado en esta vida insensata llegó a parecerme más verosímil que lo razonable, y más provechoso en mis investigaciones. Así sucedió también con los perros voladores. Averigüé mucho de ellos; y aunque hasta hoy no he conseguido verlos, estoy firmemente convencido de su existencia: en mi imagen del mundo ocupan un lugar importante. Como en la mayoría de los casos, tampoco en éste me desconcierta su arte. Es realmente admirable, ¡quién podría negarlo!, que puedan suspenderse en el aire, y me adhiero a la admiración de la perrada. Pero mucho más admirable es, a mi modo de ver, la insensatez, la callada insensatez de sus existencias. Flotan en el aire y basta, la vida sigue su curso, aquí y allá se habla de arte y de artistas, eso es todo. ¿Pero por qué, pregunto a la perrada, por qué flotan los perros? ¿Qué sentido tiene su oficio? ¿Por qué es imposible obtener de ellos una palabra explicativa? ¿Por qué flotan allá arriba, dejando que se les atrofien las patas, el orgullo del perro, y por qué, lejos de la tierra que alimenta, cosechan sin sembrar y, según referencias, se hacen mantener opíparamente a costa de la perrada? Debo felicitarme por haber provocado con mis preguntas cierta agitación en lo que a esto se refiere. Se comienza a fundar, a improvisar una especie de fundamento y por cierto, que no se irá más allá del comienzo. Pero ya es algo. Si bien no se alcanza la verdad —nunca se llegará a ella— por lo menos se descubre parte de la confusión y de la mentira. Porque hasta lo más descabellado de nuestra vida, y especialmente esto, puede tener fundamento. No de modo completo —es una gracia del diablo— pero de todas maneras en grado suficiente como para preservarse de preguntas molestas, Y volviendo al ejemplo de los perros voladores, no son arrogantes, como se podría suponer de entrada; dependen mucho de sus semejantes, lo que es fácil de comprender si uno trata de colocarse en su caso. Están obligados, ya que no pueden hacerlo abiertamente —lo que implicaría infringir el deber de callar—, a conseguir que se les perdone de alguna manera, su género de vida al menos, a desviar la atención, a lograr su olvido, y tratan de conseguirlo, según se me informa, mediante un parloteo casi insoportable. Siempre tienen algo que contar, sea de sus meditaciones filosóficas, en las que pueden ocupar su tiempo puesto que han renunciado a todo esfuerzo corporal, sea acerca de lo que ven desde su altura. Y aunque no se caracterizan por su talento, lo que, habida cuenta de su vida ociosa, es perfectamente comprensible, y aunque su filosofía sea tan inútil como sus observaciones e igualmente inútiles para la ciencia, que no puede supeditarse a fuentes tan despreciables, si a pesar de ello uno pregunta qué es lo que quieren en definitiva los perros voladores, se nos dirá una y otra vez que contribuyen poderosamente a la ciencia. "Ciertamente —observa uno entonces—, pero son contribuciones completamente carentes de valor y molestas." Las réplicas siguientes consistirán en encogimiento de hombros, rodeos, disgustos o risas, y después de un rato, si uno vuelve a preguntar, de nuevo se entera de que son útiles a la ciencia y por fin, cuando a su vez le preguntan a uno, a poco que se distraiga, contesta lo mismo. Y tal vez sea mejor no ser demasiado terco y resignarse, no digo a justificar el derecho a la vida de los perros voladores, pero sí por lo menos a tolerarlos. Más no debiera pedirse; sería excesivo y sin embargo se pide. Cada vez son más los perros voladores que se encaraman en el espacio, y para todos se pide tolerancia. No se sabe con seguridad de dónde provienen. ¿Se reproducen? ¿Les quedan fuerzas para ello? Puesto que no son más que una hermosa piel, ¿qué había de reproducirse? Y aunque lo inverosímil fuera posible, ¿cuánto tiene lugar el acto de la reproducción? Siempre se los ve solitarios allá arriba, pagados de sí mismos, y si alguna vez se rebajan a caminar, sucede sólo durante instantes, dan unos pocos pasos temerosos, rigurosamente a solas, abismados en supuestos pensamientos, de los que no pueden libertarse ni aun a costa de mayores esfuerzos; por lo menos, así se afirma. Pero si no se reproducen, hay que suponer que hay perros que renuncian voluntariamente a la vida en el llano, que se convierten en perros voladores, y que al precio de la comodidad y de cierta habilidad, eligen esa estéril existencia de almohadón. Esto no es admisible; ni la hipótesis de la reproducción ni la de la libre elección son admisibles. Y sin embargo, la realidad demuestra que siempre hay nuevos perros voladores, por tanto hay que deducir que, aunque los inconvenientes parezcan insuperables a la luz de nuestro entendimiento, dada una especie de perros, por más extraña que sea, no se extinguirá tan fácilmente, ya que siempre habrá en ella algo que resistirá con éxito.

Si esto es válido para una especie tan insensata, extraña y hasta no viable como la de los perros voladores, ¿no habría de serlo también para la mía? Sobre todo, teniendo en cuenta que mi aspecto no es tan singular, que soy perro de clase media, muy abundante en esta región, que no me destaco en nada, que no soy especialmente despreciable y que en mi juventud y aun en mi edad adulta, antes de abandonarme, fui bastante bien parecido. Se me elogiaba el pecho, las patas esbeltas, el porte de la cabeza, pero también mi pelaje grisáceo-amarillento, de puntas rizadas, tenía gran aceptación; todo esto no es extraño, extraña es solamente mi manera de ser y aun ésta —lo que no debo olvidar nunca— está arraigada en lo profundo en la naturaleza de la perrada. Si el perro volador mismo no permanece absolutamente solo, si siempre aparece alguno nuevo en el gran mundo de la perrada, si siempre se procuran descendencia, entonces puedo aún confiar en que tampoco yo estoy definitivamente perdido. Como es natural mis congéneres han de tener un destino especial, pero el simple hecho de existir no me beneficia de forma visible: no los reconocería. Somos los oprimidos del silencio, queremos destruirlo, padecemos hambre de aire, mientras que a los demás parece agradarles; "parece" solamente, como lo prueba el caso de los perros músicos, en apariencia entregados tranquilamente a su arte, pero en realidad muy excitados. De todos modos esta apariencia tiene gran poder, uno trata de comprenderla, pero ella burla todo intento. ¿Cómo se las arreglan mis congéneres? ¿Cómo son sus intentos de vivir? Ha de existir en esto mucha diversidad. Yo ensayé con preguntas en mi juventud. Luego, tal vez, podría adherirme a los que preguntan mucho, ellos serían mis congéneres. En realidad, lo intenté durante un tiempo violentándome, porque ante todo me interesan los que debieran responder; los que interrumpen con preguntas que casi nunca puedo contestar me son desagradables, —y después: ¿a quién no le gusta preguntar mientras es joven? ¿Cómo habría de seleccionar entre las múltiples preguntas las verdaderas? Todas las preguntas suenan igual, lo importante es la intención y ésta generalmente está oculta, aun para el que las formula. Además, preguntar es propio de la perrada, todo el mundo hace preguntas, éstas se entrecruzan—, hasta parece que hubiera el propósito de borrar el rastro de las preguntas verdaderas. No; mis iguales no se hallan entre los preguntones jóvenes y tampoco entre los taciturnos, los viejos, a los que ahora pertenezco. Por lo demás, ¿qué se logra con preguntas?; yo he fracasado con ellas; tal vez mis compañeros sean más inteligentes que yo y empleen medios más efectivos para soportar la existencia, medios que —así me parece— tal vez los ayuden en su angustia, los calmen, los adormezcan, modifiquen su índole, pero que en el fondo sean tan impotentes como los míos, puesto que por más que mire en derredor no veo resultados. ¿Y dónde están estos congéneres? Sí, esta es la tortura, ésta. ¿Dónde están? En todos lados y en ninguno. Tal vez lo sea mi vecino, que está solo a tres saltos de mí; intercambiamos algún grito, él cruza para verme, pero yo no a él. ¿Es mi congénere? Es posible, pero nada hay más improbable. Cuando está lejos puedo, por ejemplo, con gran esfuerzo de imaginación, ver en él muchos rasgos que me son propios, pero cuando está presente mis apreciaciones caen en el ridículo.

Un perro viejo, aún más pequeño que yo a pesar de mi talla escasamente mediana, castaño, de pelo corto, cabeza cansada, abatida, de paso deslizante, que además arrastra la pata izquierda posterior a consecuencia de una enfermedad. Hace mucho que no me doy con nadie como no sea con él; estoy contento de soportarlo mal que bien, y al irse le grito las cosas más amables, ciertamente, no por afecto, sino irritado conmigo mismo, pues cuando lo sigo encuentro en extremo repelente su andar reptante, su pie arrastrado y el cuarto trasero demasiado bajo. A veces, cuando mentalmente lo considero compañero mío, es como si quisiera ridiculizarme a mí mismo. Por otra parte, al hablar no demuestra nada que pueda parecerse al compañerismo; es inteligente, sí, y, para nuestros medios bastante culto; se podría aprender mucho de él. Pero ¿busco la inteligencia y la instrucción? Generalmente hablamos de cuestiones comunales y yo, más perspicaz en este aspecto a causa de mi aislamiento, suelo asombrarme de la riqueza de espíritu que necesita un perro común, aun en circunstancias no excesivamente desfavorables, para ir por la vida y protegerse de los peligros corrientes. Es la ciencia de las reglas, pero no resulta fácil comprenderla ni aun en sus planteamientos más elementales, y sólo una vez comprendida viene la verdadera dificultad: aplicarla a las circunstancias ordinarias. En esto casi nadie puede ayudar; cada hora y cada lugar de la tierra crea nuevos problemas. Nadie puede afirmar que está instalado en algún punto de manera definitiva y que su vida transcurrirá como por sí sola; ni siquiera yo, con mis necesidades decrecientes cada día que pasa. Y todo este esfuerzo infinito, ¿para qué? Sólo para sepultarse cada vez más en el mutismo, para no poder ser sacado de él ya nunca y por nadie.

Se suele elogiar el progreso de la perrada a través de los tiempos, con lo que, entiendo, se quiere elogiar el progreso de la ciencia. Ciertamente, la ciencia progresa en forma incontenible, hasta aceleradamente, cada vez con mayor velocidad, pero ¿qué hay de glorioso en ello? Es como si se quisiera elogiar a alguien porque a medida que transcurren los años envejece acercándose por tanto a la muerte con velocidad creciente. Es un proceso natural y hasta desagradable, en el que no encuentro nada que celebrar. Veo sólo desintegración, con lo cual no quiero dar a entender que las generaciones fueron mejores; sólo fueron más jóvenes, esa era su gran ventaja, su memoria no estaba tan abarrotada como la de hoy, era más fácil lograr que hablaran, y aunque nadie lo haya conseguido, las posibilidades eran mayores; precisamente, esta mayor posibilidad es lo que nos enardece al escuchar aquellas viejas historias, bastante ingenuas por lo demás. De vez en cuando una palabra parece revelar un indicio, nos hace saltar, no sentimos el peso de los siglos. Así es; por más que critique mi tiempo, las antiguas generaciones no fueron mejores que las más recientes y hasta en cierto sentido fueron peores y más débiles. Tampoco entonces los milagros andaban por las calles para que cualquiera pudiese echarles el lazo, pero los perros no eran aún, no puedo expresarle en otra forma, tan perrunos como hoy; la estructura de la perrada era más burda, la exacta palabra todavía habría podido actuar, decidir la obra, alterarla, cambiarla voluntariamente en forma diametral, y aquella palabra existía, o por lo menos se la sentía próxima, flotaba sobre la punta de la lengua y cualquiera hubiese podido averiguarla. ¿Adónde ha ido a parar hoy? introduciendo las manos en las entrañas, no se la encontraría. Quizá nuestra generación esté perdida, pero es más inocente que aquéllas. Comprendo las vacilaciones de la mía. Ya ni siquiera se trata de vacilar, es apenas olvidar el sueño que hace mil noches se ha soñado, para mil veces olvidarlo. ¿Quién nos echará en cara precisamente este milésimo olvido? Y hasta creo comprender las vacilaciones de los antepasados; probablemente nosotros no hubiésemos actuado distinto; casi quisiera decir: dichosos de nosotros por no tener que cargar con la culpa; por poder correr hacia la muerte envueltos en un silencio casi inocente, en un mundo ya oscurecido por otros. Quizá cuando se extraviaron ni se dieron cuenta de que se trataba de un extravío definitivo; seguían viendo la encrucijada, les era fácil regresar, y si se retrasaban era sólo porque querían gozar durante un tiempo de la vida perruna, que en realidad no era en verdad una vida perruna, pero con todo embriagadoramente agradable, por lo que siempre convenía demorarse un poco, aunque ya fuera unos instantes y seguir errando. No sabían lo que nosotros, analizando el decurso de la historia, podemos deducir: el alma evoluciona más de prisa que la vida perruna, ya debían de tener el alma perrunizada desde antiguo, y no se hallaban tan cerca del punto de partida como les parecía o quería hacerles creer su vista, ya regodeado en pleno libertinaje perruno. ¿Quién puede hablar hoy todavía de juventud? Fueron en realidad perros jóvenes, pero por desgracia su único orgullo se cifraba en llegar a ser perros viejos, de modo que, es cierto, no podían fracasar, como lo demostraron todas las generaciones siguientes y la nuestra mejor que ninguna.

No, no hablo con mi vecino de estas cosas, pero a menudo debo pensar en ellas cuando estoy sentado frente a él, típico perro viejo, o cuando hundo el hocico en su pelaje y percibo el hedor característico que tienen las pieles desolladas. Carecería de sentido hablar de estas cosas con él o con los demás. Sé cómo transcurriría la conversación. Haría algunos reparos aquí y allá, finalmente aprobaría —la aprobación es la mejor arma— y el asunto quedaría enterrado. ¿Para qué entonces molestarse en desenterrarlo? Y sin embargo, tal vez haya con mi vecino alguna concordancia más allá de las simples palabras. No puedo dejar de sostener esto aunque carezca de pruebas y pueda ser víctima de engaño, precisamente por ser desde hace mucho el único a quien trato y porque debo aferrarme a él. "¿Serás mi correligionario a tu manera? ¿Te avergüenzas de tu fracaso? También yo fracasé. A veces lloro a solas por ello; ven, entre dos es menos amargo." Así pienso a veces y lo miro fijamente. Él no baja la mirada, pero nada deja traslucir, mira obtusamente, asombrado de que haya dejado de hablar. Pero tal vez sea esa su manera de preguntar y yo lo decepcione tanto como él a mí. En mi juventud, si otras preguntas no me hubiesen parecido más importantes, y si no me hubiese bastado con mucho a mí mismo, tal vez le habría preguntado de viva voz, obteniendo un descolorido asentimiento, es decir, menos de lo que obtengo hoy con mi silencio. Pero ¿no callan todos por igual? Nada me impide creer que todos son camaradas, no solamente que he tenido un ocasional camarada investigador, hundido y olvidado con sus insignificantes éxitos, al que no puedo llegar por impedírmelo la bruma de los tiempos pasados y la conglomeración del presente, sino que desde siempre he tenido y tengo compañeros en todos, todos afanosos a su manera, a su manera infructuosos, callados o astutamente charlatanes, como consecuencia de la investigación desesperanzada. Pero entonces no hubiera sido necesario que me aislara; hubiera podido quedarme tranquilamente entre los demás, no habría tenido que abrirme paso como un cachorro rebelde en las filas de los mayores, que en resumidas cuentas quieren lo mismo que yo, abrirse paso, y que sólo me engañan por su mayor juicio, que les advierte que nadie puede llegar más allá y que todo empuje carece de sentido.

Tales ideas son ciertamente el resultado de las conversaciones con mi vecino; me confunde y me entristece; con todo, es bastante alegre, al menos lo he oído gritar y cantar en su casa, hasta molestarme. Convendría renunciar también a esta última relación, no seguir vagas ensoñaciones como las que provoca todo trato perruno por más endurecido que uno se crea, y dedicar el poco tiempo que me resta en forma exclusiva a mis investigaciones. La próxima vez que venga me arrinconaré y me fingiré dormido y repetiré esto todas las veces que sea necesario hasta que deje de venir.

También ha entrado el desorden en mis investigaciones; desisto, me canso, un trote mecánico, donde antes habría carrera entusiasta. Recuerdo los tiempos en que comencé a investigar la pregunta: "¿De dónde toma la tierra nuestro alimento?" Por cierto que vivía entonces en el seno pueblo pugnaba por meterme donde todo se hacía más denso, a todos quería convertir en testigos de mi trabajo, y este testimonio me importaba más que el trabajo mismo; como todavía esperaba algún efecto general recibía gran estímulo, que ahora, solitario como soy, se ha desvanecido. Por entonces era tan fuerte que hice algo inaudito, algo en contradicción con todos nuestros principios y que todo testigo presencial recuerda como siniestro. Encontré en la ciencia, que tiende por lo general a la ilimitada especialización, una curiosa simplificación. Ella enseña fundamentalmente que la tierra produce alimento e indica, después de haber sentado este principio, los métodos por los cuales pueden obtenerse, y en abundancia, las diversas comidas. Es exacto, en efecto, que la tierra produce alimentos, ello no admite dudas, pero el proceso no es tan simple como se presenta, al extremo de excluir toda investigación ulterior.

Basta tomar los más elementales sucesos que se repiten a diario. Si nos quedáramos completamente inactivos, como yo ahora, y después de un ligero cultivo de la tierra nos acurrucáramos a esperar el resultado, y en el supuesto de que realmente se produjera algo, encontraríamos sin duda el alimento en la tierra. Pero este caso no constituye la regla. Los que conserven cierta ecuanimidad frente a la ciencia —y por cierto son pocos, puesto que los círculos que ella traza son cada vez más amplios— comprobarán con facilidad, aunque no hagan observaciones muy detenidas, que el alimento principal que encontramos sobre la tierra proviene de lo alto; hasta cogemos parte de él de acuerdo a nuestra habilidad y avidez, antes de que entre en contacto con la tierra. Con esto todavía no afirmo nada contra la ciencia, porque también la tierra produce este alimento en forma natural. Que uno lo saque de su seno y el otro de las alturas, quizá no constituya una diferencia esencial; la ciencia, que ha establecido que en ambos casos es necesario trabajar el suelo, tal vez no deba ocuparse de tales distingos por aquello de: "Panza llena, corazón contento". Sólo que me parece que la ciencia se ocupa de estas cosas en forma velada y fragmentaria, ya que conoce los métodos para la obtención de alimentos: el cultivo del suelo propiamente dicho y las labores accesorias o de refinamiento en forma de aforismo, danza y canto. Encuentro en ello una clasificación que, si bien no perfecta, bastante clara. El cultivo del suelo sirve a mi juicio para la obtención de ambas clases de alimentos y es siempre imprescindible; aforismo, danza, y canto no se refieren tanto al alimento terrestre en sentido estricto, sino que sirven más bien para atraerlo desde lo alto. En esta hipótesis me apoya la tradición. Aquí el pueblo parece rectificar a la ciencia sin saberlo y sin que la ciencia intente defenderse. Si, como quiere la ciencia, aquellas ceremonias sólo habían de servir al suelo, acaso para darle fuerzas para atraer el alimento desde lo alto, entonces, deberían lógicamente cumplirse en su totalidad junto al suelo; todo habría que susurrarlo, bailarlo, y cantarlo al oído de la tierra misma. Y a mi entender la ciencia no pretende otra cosa. Y ahora viene lo notable: el pueblo se dirige a las alturas con todas sus ceremonias. Esto no atenta contra la ciencia: ella no prohíbe; deja al campesino en libertad, considera en sus enseñanzas tan sólo el suelo y si el campesino las asimila, queda satisfecha; pero su razonamiento debiera a mi juicio exigir más. Y yo, que nunca he profundizado en la ciencia, no puedo imaginarme cómo los científicos permiten que nuestro pueblo, apasionado como es, ladre las frases mágicas hacia lo alto, entonces nuestros antiguos lamentos al aire y ejecute cabriolas danzadas, como si, olvidándose del suelo, quisiera elevarse para siempre. Traté de subrayar estas contradicciones; cuando, de acuerdo con las enseñanzas de la ciencia, se aproximaba la época de la cosecha, me dedicaba por completo al suelo, lo apañaba durante la danza y giraba la cabeza para aproximarme a la tierra lo más posible. Más tarde hice un hoyo e introduje la boca, cantando y declamando de ese modo, para que sólo lo oyera el suelo y nadie más que él.

Los resultados fueron limitados. A veces, no obtenía el alimento y ya estaba a punto de alegrarme por mi descubrimiento, cuando aparecía de pronto como si, superada la confusión creada por mi extraña representación, se reconocieran sus ventajas y se renunciara con gusto a gritos y saltos. A menudo la comida llegaba en mayor abundancia que antes; luego faltaba por completo. Con un tesón hasta entonces desconocido en perros jóvenes, hice una extraña reseña de todos mis ensayos; creía ya encontrar una pista que pudiera llevarme más lejos, pero en seguida volvía a perderla innegablemente, aquí me perjudicó mi insuficiente capacidad científica. ¿Qué seguridad había por ejemplo de que la falta de comida no era atribuible a mi experimento, sino a la preparación anticientífica del suelo? Si era así, todas mis conclusiones carecían de valor. Bajo determinadas condiciones, habría hecho un experimento completamente satisfactorio si hubiese obtenido el alimento sin trabajar la tierra en absoluto, sólo con ceremonias dirigidas a lo alto; o también si, con ceremonias terrenas en forma exclusiva, hubiese podido comprobar la ausencia del mismo. Lo intenté, sin mayores esperanzas y no bajo condiciones experimentales rigurosas, porque, de acuerdo con mi creencia inamovible, un mínimo de cultivo es siempre indispensable y aunque los herejes que no lo creen tuvieran razón, no podrían demostrarlo, porque la aspersión del suelo se produce necesariamente y es, dentro de ciertos límites, inestable. Otro experimento, aunque un tanto colateral, tuvo más éxito y causó cierto revuelo. Paralelamente a la práctica usual de coger los alimentos que venían del aire, resolví dejarlos caer, sin cogerlos. Con tal objeto cada vez que caía el alimento ejecutaba un pequeño salto calculando de tal forma que resultara insuficiente; en la mayoría de los casos el alimento caía con sorda indiferencia y yo me arrojaba sobre él, no sólo por hambre, sino también con la ira de la decepción. Pero en casos aislados se produjo algo diferente, realmente maravilloso; el alimento no cala, sino que me perseguía en el aire; la comida perseguía al hambriento. No sucedía durante mucho tiempo, sólo un pequeño trecho, y después caía o desaparecía por completo o —más frecuentemente— en mi avidez la devoraba, terminando en forma prematura el experimento. De todos modos, me sentí feliz, me envolvía un rumor de inquietud y de atención, encontré a los conocidos más accesibles a mis preguntas, en sus ojos brillaba un resplandor de ayuda, y aunque sólo fuese el reflejo de mis propias miradas, no exigía más, me conformaba. Hasta que me enteré —y los otros se enteraron conmigo— que este experimento no era nuevo, que había sido descrito científicamente, y hasta de forma más completa; sin embargo, hacía mucho que no se llevaba a cabo por el autodominio que exige y porque su supuesta carencia de importancia científica hacía innecesaria su repetición. Demostraría tan sólo lo que ya se sabía, o sea que el suelo no siempre atraía el alimento verticalmente, sino también en forma oblicua y hasta en espiral. Con todo, no me amilané; para eso era demasiado joven; por el contrario, me sentí estimulado a cumplir lo que fue tal vez la mayor realización de mi vida. No me dejé desorientar por la subestimación científica del experimento, pero en estos casos no ayuda la fe sino tan sólo la comprobación, y yo quería enfrentarme con ésta, destacando al mismo tiempo, a plena luz y en el centro fe a la investigación, esta experiencia en su origen un poco colateral. Quería demostrar que si retrocedía ante el alimento, no era el suelo el que lo atraía en forma oblicua, sino que era yo el que lo instaba a seguirme. No pude llevar a cabo la prueba en forma completa, porque no aguantaba durante mucho rato el esfuerzo de tener el alimento ante los ojos, y experimentar al mismo tiempo científicamente. Pero quería también hacer otra cosa, quería ayunar por completo, mientras me fuera posible, evitando el espectáculo del alimento y su tentación. Si me retiraba y permanecía echado con los ojos cerrados de día y de noche, sin preocuparme de la recolección ni de la caída de los alimentos, suprimiendo también toda otra actividad, pero confiando secretamente en que la inevitable e irracional aspersión del suelo y la calmosa repetición de los aforismos y canciones —la danza quería evitarla para no debilitarme— fueran suficientes para hacer descender la comida que, sin hacer caso del suelo, vendría a llamar contra mi dentadura para que le franquease la entrada; si eso sucedía, entonces, por cierto aún no habría rebatido a la ciencia, bastante flexible en el caso de excepciones y de casos particulares, pero ¿qué diría el pueblo que por suerte no tiene la misma flexibilidad? Porque ese no sería un caso de excepción como los de enfermedad física o de melancolía, que refiere la historia, en que el sujeto se niega a preparar los alimentos, a buscarlos, ingerirlos, y que en la perrada se une en fórmulas de conjuro, desviando los alimentos de su trayectoria natural y haciéndolos llegar directamente a la boca del enfermo. Yo, en cambio, estaba perfectamente sano y fuerte, y mi apetito era tan magnífico que durante días enteros me impedía pensar en otra cosa que no fuera él; me sometía voluntariamente al ayuno; estaba en condiciones de proveer al descenso de los alimentos y hasta quería hacerlo, pero no necesitaba la ayuda de la perrada y me opuse a ella en forma decidida.

Me busqué un lugar adecuado en un matorral distante, donde no oyera conversaciones de comida, ni chasquear de lengua, ni triturar huesos, y me acosté allí después de haberme atracado por última vez. Quería pasar, a ser posible, todo el tiempo con los ojos cerrados; mientras no quisiera venir la comida sería de noche para mí, aunque pasaran días y semanas. Entretanto no debía, y éste era un grave inconveniente, dormir en absoluto, o por lo menos debía dormir poco, porque no sólo tenía que conjurar los alimentos, haciéndolos bajar, sino también estar sobre aviso para que la llegada de ellos no me sorprendiese dormido. En otro aspecto, el sueño sería ventajoso, porque no permitiría prolongar el ayuno. Por estas razones resolví subdividir el tiempo en forma cuidadosa y dormir mucho, pero poco por vez. Lo conseguí apoyando la cabeza en débiles ramas que pronto se quebraban, despertándome. Así estaba, dormía o vigilaba soñando o canturreando para mí. Al principio todo transcurrió sin novedad; tal vez en la fuente de los alimentos había pasado inadvertido mi rebelión contra el curso habitual de las cosas, y la verdad es que todo se mantuvo en calma. Me turbaba un tanto el temor de que los perros, al echarme de menos, me buscaran e intentaran algo contra mí. Un segundo temor era que el suelo —a pesar de que según la ciencia se trataba de tierra estéril— produjera por simple aspersión el llamado alimento casual y que su olor me tentara. Por de pronto no sucedía nada semejante y podía seguir ayunando. Fuera de estos temores, me hallaba tranquilo, tranquilo como nunca. Aunque trabajaba contra la ciencia, experimentaba el bienestar y la casi proverbial tranquilidad de los científicos. En mis ensoñaciones conseguía el perdón de la ciencia; también había en ella lugar para mis investigaciones; me consolaba saber que, por grande que fuera el éxito de mis trabajos, y precisamente por eso, yo no estaría perdido para la perrada; la posición de la ciencia era ahora amistosa; ella misma se encargaría de la interpretación de mis resultados y esta promesa ya era casi tanto como el éxito; mientras antes me sentía en el fuero íntimo como un réprobo que embestía enloquecido los muros de su pueblo, ahora sería recibido con grandes honores, la ansiada tibieza de multitudes de cuerpos perrunos me envolvería en su corriente, me levantaría, me haría oscilar sobre los hombros de mi raza. ¡Notable efecto del hambre inicial! Mi empresa me parecía del tal magnitud que allí mismo, en el matorral, comencé a llorar emocionado y compadecido de mí mismo, lo cual, por otra parte, no era muy lógico, pues si esperaba el merecido premio, ¿por qué lloraba? Acaso sólo por bienestar. Siempre que me he sentido bien, harto pocas veces, he llorado. Pero esto duró poco. Las hermosas visiones desaparecieron al agravarse el hambre; no pasó mucho tiempo y después de la apresurada dispersión de todas las fantasías y emociones, me sentí en completa soledad con el hambre que quemaba mis entrañas. "Esto es el hambre", me dije infinidad de veces, como queriendo hacerme creer que el hambre y yo éramos todavía dos cosas diferentes y como si uno se la pudiese quitar de encima como a un pretendiente molesto; pero en realidad éramos una unidad extremadamente dolorosa, y si yo me declaraba "Esto es el hambre", en realidad hablaba el hambre, burlándose de mí. ¡Horribles momentos! Me da escalofríos no solamente por el sufrimiento que pasé entonces, sino también porque sé que aquel no fue el final, porque todo este sufrimiento habré de sufrirlo de nuevo si realmente quiero llegar a algo, porque aún hoy opino que el hambre es el principal instrumento de mis investigaciones. La ruta marcha a través del hambre; lo más elevado se conquista sólo con el más elevado sacrificio, y el mayor sacrificio es entre nosotros el hambre voluntaria. Si reflexiono pues acerca de aquellos tiempos —y me es esencial meditar en él—, si se debiera dejar transcurrir una vida entera para reponerse de semejante intento; todos los años de mi edad adulta me separan de aquel ayuno, pero aún no estoy repuesto. Tal vez cuando inicie el próximo esté más decidido debido a mi mayor experiencia y mejor comprensión de la necesidad, del ensayo, pero mis fuerzas serán menores, como resultado de lo que pasé, y la sola idea de lo que habré de pasar ya me debilita. Mi apetito disminuido no me ayudará, sólo restará mérito al intento y probablemente me obligará a ayunar durante un plazo más largo. He aclarado perfectamente estas ideas; todo este largo período no transcurrió sin ensayos previos, muchas veces he hincado literalmente el diente en el ayuno, pero sin sentirme todavía preparado para la prueba. El entusiasmo juvenil no existe ya; desapareció entonces en medio del hambre. Muchos pensamientos me torturaron. Amenazadoramente aparecieron nuestros antepasados. Aunque no lo pueda decir en forma pública los considero culpables; ellos provocan esta vida perruna y bien podía contestar a sus amenazas con otras amenazas. Pero me inclino ante su saber; proviene de fuentes que nosotros ya no conocemos; por lo tanto, a pesar de todo mi impulso de luchar contra ellos, me abstendré siempre de violar en forma abierta sus leyes, en verdad pasaré por las rendijas para cuya localización tengo un olfato especial. Acerca del hambre, invoco el famoso diálogo, en el curso del cual uno de nuestros sabios expresó la intención de prohibir el ayuno, a lo que otro se opuso con esta pregunta: "¿Y quién querrá ayunar?" El primero se dejó convencer y la prohibición no prosperó. Con todo vuelve a nacer la pregunta, "¿Está el ayuno realmente prohibido?" La enorme mayoría de los comentaristas contestan en forma negativa, considera que hay libertad de ayunar, está con el segundo sabio y no teme que los comentarios erróneos produzcan consecuencias graves. Me había cerciorado bien de esto antes de comenzar mi propio ayuno. Pero mientras me doblaba por efecto del hambre y en mi confusión mental buscaba la salvación en mis extremidades posteriores, lamiéndolas, masticándolas, chupándolas desesperadamente casi hasta el ano, me pareció completamente falsa la interpretación de aquel diálogo, maldije la exégesis, me maldije a mí mismo por haberme dejado engañar; el diálogo, como hasta un niño lo comprendería, contenía algo más que la prohibición de ayunar. El primer sabio querría prohibir el ayuno, lo que un sabio quiere ya ha sucedido, el ayuno estaba pues prohibido; el segundo sabio no sólo se adhirió, sino que también consideró imposible el ayuno, colocó a la primera prohibición una segunda, lo que en verdad era prohibir la naturaleza perruna misma; el primer sabio reconoció esto y retiró su prohibición, es decir, ordenó a los perros, después de la explicación de todo esto, a obrar con prudencia y a prohibirse el ayuno a sí mismos. Tres prohibiciones en lugar de una y yo las había violado todas. Aunque con retraso, hubiese podido obedecer y suspender el ayuno, pero a pesar de mi sufrimiento, me tentaba la prosecución y me lancé tras ella, golosamente, como si se tratase de un perro desconocido. No podía terminar, probablemente estaba también demasiado débil para levantarme y buscar la salvación en los poblados. Me revolcaba en el lecho, ya no podía dormir, en todas partes oía el ruido, el mundo hasta ahora dormido parecía haberse despertado por mi ayuno; tenía la sensación de que nunca más podría volver a comer porque entonces silenciaría de nuevo al mundo ahora libre y sonoro, de lo que no me sentía capaz. Por otra parte, el mayor ruido, estaba en mi barriga; a menudo apoyaba el oído en ella; cara bien extraña, debo haber puesto; apenas podía dar crédito a lo que oía. Y cuando las cosas llegaron al límite, el mareo pareció adueñarse de mi naturaleza misma; hacía intentos de salvación carentes de sentido; comencé a sentir olores de alimentos, de manjares selectos que hacía mucho que no comía, alegrías de mi niñez; sí, olfateé el olor de los pechos de mi madre; olvidé mi decisión de resistir a los olores, o mejor, no la olvidé; como si ello formara parte de esa decisión, me arrastraba en todas direcciones, sólo un poco, y olisqueaba, como si quisiera el manjar sólo para alcanzarlo. No me causaba decepción no encontrar nada; los alimentos existían, sí, pero siempre se hallaban unos pasos más allá, las patas se me doblaban antes de alcanzarlos. Pero al propio tiempo sabía que no había nada, que me movía sólo por miedo a la postración definitiva en un lugar que, sin embargo, ya no podría abandonar nunca. Las últimas esperanzas y las últimas tentaciones se esfumaron en forma miserable: terminaría aquí, ¿qué sentido tenían mis investigaciones, pueriles intentos de pueriles épocas felices?; ahora iba en serio, aquí la investigación hubiera podido demostrar su importancia, pero ¿dónde había quedado? Aquí sólo había un perro que boqueaba desvalidamente y que, sin embargo, con espasmódica prisa, sin saberlo, rociaba el suelo de continuo, incapaz de sacar nada de su memoria, no lo más mínimo de toda la sabiduría de las palabras mágicas, ni siquiera el canto con que se refugian los recién nacidos bajo la madre. Era como si no estuviese separado de los hermanos por un corto trecho, sino infinitamente lejos de todo, como si en realidad no me estuviese muriendo de hambre, sino de abandono. Era evidente que nadie se ocupaba de mí, nadie bajo la tierra, ni sobre ella, nadie en las alturas; moría por su indiferencia, su indiferencia me decía: "Se muere, así ha de ser.” ¿Y no coincidía yo con ellos? ¿No decía lo mismo? ¿No había deseado este abandono? Ciertamente, perros, pero no para morir aquí, sino para llegar allá, a la verdad, para salir de este mundo de mentiras, donde no se encuentra a nadie de quien obtener la verdad, tampoco de mí, ciudadano innato de la mentira. Tal vez la verdad no estuviese tan lejos, y yo no tan abandonado como creía, al menos no tanto por los otros como por mí, que estaba al fin de mis fuerzas y moría.

Pero no se muere tan pronto como supone un perro alucinado. Me desvanecí y al recuperar el sentido y levantar los ojos, vi a un perro desconocido. Ya no sentía hambre, estaba fuerte, mis coyunturas parecían elásticas, como resortes, aunque no realicé ningún intento de levantarme para comprobarlo. Sí, un perro hermoso pero no fuera de lo común, y sin embargo me pareció ver en él, además, otras cosas. Debajo de mí había sangre; en el primer momento supuse que era alimento, pero en seguida noté que era sangre vomitada. Dejé de mirarla y me volví hacia el perro. Era delgado, de largas patas, castaño, manchado de blanco en algunas partes: tenía una hermosa mirada, fuerte, investigadora.

—¿Qué haces aquí? —preguntó—. Debes marcharte de aquí.

—No puedo irme ahora —dije sin más explicación—. ¿Cómo había de explicarle todo? Además, él parecía tener prisa.

—Por favor, vete —dijo, y levantaba nerviosamente una pata, luego la otra.

—Déjame —dije—, vete y no te ocupes de mí, los otros tampoco se ocupan.

—Te lo pido por ti —dijo.

—Pídelo por lo que quieras —dije—; no podría andar aunque quisiera.

—No es eso —dijo sonriendo—; puedes andar. Precisamente porque pareces estar muy débil; te ruego que te alejes con lentitud; si vacilas, más tarde tendrás que correr.

—Déjalo de mi cuenta —dije.

—También es de mi cuenta —dijo él, entristecida por mi terquedad, y aparentemente quería dejarme aquí por ahora, pero sin desaprovecharla ocasión de buscarme amorosamente. En otra época tal vez lo hubiese tolerado, pero ahora no lo comprendía. Sentí espanto.

—¡Fuera! —grité con tanta más fuerza cuanto que no tenía otra defensa.

—Ya te dejo —dijo él retrocediendo con lentitud—. Eres maravilloso. ¿No te gusto?

—Me gustarías si te alejaras y me dejaras en paz.—Pero ya no tenía tanta firmeza como quería hacerle creer. Algo oía o veía en él con mis sentidos aguzados por el ayuno; sólo estaba en los comienzos, crecía, se aproximaba y ya lo sabía: este perro tiene la fuerza para alejarte, aunque todavía no logres imaginar cómo podrías levantarte. Él, a mi brusca réplica, sólo había contestado moviendo con suavidad la cabeza; yo lo miraba ahora con creciente avidez.

—¿Quién eres? —pregunté.

—Un cazador —dijo él.

—¿Y por qué no me quieres dejar aquí? —pregunté.

—Porque me estorbas —dijo—; no puedo cazar si estás aquí.

—Inténtalo —dije—; tal vez puedas cazar.

—No —dijo—; lo siento, pero debes irte.

—Deja la caza por hoy —rogué.

—No —dijo él—, debo cazar.

—Yo debo irme; tú debes cazar —dije—; simple deber. ¿Comprendes por qué "debemos"?

—No —dijo—; pero no hay nada que comprender, son cosas evidentes, naturales.

—Sin embargo, no —dije—. Te da pena tener que ahuyentarme y sin embargo lo haces. ¡Así es! —repetí disgustado—. No es una contestación. ¿Qué renuncia te sería más fácil: renunciar a la caza o a ahuyentarme?

—Renunciar a la caza —dijo.

—¿Entonces? —dije—. Hay una contradicción.

—¿Qué contradicción? —dijo—. ¿No comprendes, querido perrito, no comprendes que debo hacerlo? ¿No comprendes lo evidente?

No contesté ya porque notaba —y una nueva vida circulaba en mí, vida como sólo la da el espanto, por inasibles pormenores, que tal vez nadie fuera de mí hubiera podido advertir—, que desde las profundidades del pecho del perro iba a comenzar a levantarse un canto.

—Cantarás —dije.

—Sí —dijo gravemente—; pronto, pero no todavía.

—Ya comienzas —dije.

—No —dijo—. Todavía no, pero prepárate.

—Lo oigo aunque lo niegues —dije, temblando.

Él calló y creí reconocer lo que no había averiguado ningún perro antes —al menos no se encuentra en la tradición el menor indicio de ello— y me apresuré a hundir, presa de miedo y de vergüenza infinitos, el rostro en el charco de sangre. Creí advertir que el perro ya cantaba antes de saberlo, y, más aún, que la melodía, separada de él, flotaba en el espacio sobre él, obedeciendo leyes propias, como si ya no tuviese nada que ver con él; tendía sólo hacia mí; yo, exclusivamente yo, era su destinatario. Hoy, es natural, me parece imposible y lo atribuyo a la sobreexcitación de aquel entonces; pero aunque fuese un error, no carecía de grandeza; fue la única realidad, aunque sólo aparente, que pude salvar de mi ayuno y traer a este mundo, y que por lo menos demuestra hasta dónde podemos llegar con un completo despojamiento. Y yo estaba realmente fuera de mí. En circunstancias normales hubiese estado gravemente enfermo, inmovilizado; pero no pude resistir a la melodía, que después, gradualmente, el perro comenzó a aceptar como propia. Se hizo cada vez más fuerte; su crecimiento probablemente era limitado; ya casi me hacía saltar los oídos. Pero lo más grave era que solamente parecía existir por mí; esta voz, ante la cual enmudecía la sublimidad del bosque, existía sólo por mí. ¿Quién era yo que aún osaba permanecer aquí, ante ella, a mis anchas en mi sangre y en mi suciedad? Tambaleándome me levanté y miré hacia abajo, a lo largo de mis patas. "Esto no va a ser posible", me dije todavía, pero ya volaba arrebatado por la melodía, ejecutando saltos soberbios. Nada conté a mis amigos; al momento de mi llegada tal vez lo hubiese contado todo, pero estaba demasiado débil; y más tarde me pareció incomunicable. Algunas insinuaciones que no lograba reprimir se diluían en las conversaciones sin dejar rastro. Físicamente me recuperé en pocas horas; pero aún hoy sufro las consecuencias.

Extendí mis investigaciones a la música de los perros. Tampoco estaba inactiva la ciencia en este sector; la ciencia de la música es probablemente, si no estoy mal informado, más amplia aún que aquélla de la alimentación, y mejor fundada. Ello se explica porque en este campo se puede trabajar con más desapasionamiento que en aquél y porque aquí sólo se trata de simples observaciones y de su sistematización; allí hay, en cambio, ante todo, consecuencias prácticas. A ello hay que agregar que la investigación musical goza de mayor respeto que la de la nutrición; sin embargo, la primera nunca pudo arraigar tan profundamente en el pueblo como la segunda. El éxito de los perros músicos parecía indicarlo, pero yo era entonces demasiado joven. Realmente, no es nada fácil acercarse a esta ciencia; se considera que es difícil, llena de distinción y que se aísla de la multitud. En aquellos perros lo más llamativo era sin duda la música, pero aún más importante me pareció su mutismo; tal vez no encontrara ya algo semejante a su espantosa música; la podía posponer y olvidar, pero su callada esencia perruna me salió al encuentro a partir de entonces en todos los perros. Para comprender la naturaleza perruna, las investigaciones sobre la alimentación me parecieron lo más correcto. Quizá me equivoqué. Una zona de contacto entre ambas ciencias había provocado entonces mis sospechas. Se trata de lo relativo al canto que hace descender los alimentos. De nuevo me perjudica en este punto no haber estudiado nunca seriamente la ciencia de la música, ni remotamente puedo contarme en este aspecto entre los que la ciencia llama con desdén medianamente cultos. Debo tenerlo siempre presente. No soportaría, de esto tengo lamentables pruebas, el más ligero examen a que me sometiera un científico. Esto, naturalmente, tiene sus causas, aparte de las circunstancias de mi vida ya mencionadas, en mi escasa disposición científica, escasa concentración, poca memoria y, sobre todo, en que no me resigno a tener siempre presente el objetivo científico. Todo lo reconozco con franqueza, hasta con cierta alegría. Porque la razón profunda de mi incapacidad científica parece estar en un instinto no necesariamente malo.

Y si quisiera fanfarronear podría decir que precisamente este instinto ha destruido mis aptitudes científicas, porque sería por lo menos muy extraño que yo, que en las cuestiones de la vida cotidiana, que desde luego no son las más sencillas, pongo de manifiesto un entendimiento tolerable y que comprendo, aunque no a la ciencia, a los científicos, como lo demuestran mis resultados; sería muy extraño que de entrada no hubiese sido capaz de levantar una pata hasta el primer escalón de la ciencia. Fue el insisto el que, en beneficio de la ciencia precisamente, pero de una ciencia diferente de la que se cultiva hoy día, de una ciencia final, última, me hizo estimar la libertad por sobre todo. ¡La libertad! Por cierto que la libertad tal como hoy es posible es un arbusto raquítico. Pero de todos modos libertad, de todos modos un bien...

Índice

ESTUDIO PRELIMINAR

LA MURALLA CHINA

•FONTANA•

1. **LA DIVINA COMEDIA,** Dante
2. **EL ARTE DE LA GUERRA,** Sun Tzu
3. **LA ILÍADA,** Homero
4. **LA ODISEA,** Homero
5. **LA ENEIDA,** Virgilio
6. **EL RETRATO DE DORIAN GRAY,** Oscar Wilde
7. **LA METAMORFOSIS,** Franz Kafka
8. **FRANKENSTEIN,** Mary Shelley
9. **NECRONOMICÓN, LOS MEJORES RELATOS,** H. P. Lovecraft
10. **ALICIA EN EL PAÍS DE LAS MARAVILLAS,** L. Carroll
11. **A TRAVÉS DEL ESPEJO,** Lewis Carroll
12. **LA VUELTA AL MUNDO EN OCHENTA DÍAS,** J. Verne
13. **DRÁCULA,** Bram Stoker
14. **CUENTOS DE LA SELVA,** Horacio Quiroga
15. **EL FANTASMA DE LA ÓPERA,** Gaston Leroux
16. **LA BELLA Y LA BESTIA,** Velleneuve y Beaumont
17. **DE LA TIERRA A LA LUNA,** Julio Verne
18. **EL PROCESO,** Frank Kafka
19. **CUENTOS DE AMOR DE LOCURA Y DE MUERTE,** H. Quiroga
20. **ROMEO Y JULIETA,** William Shakespeare
21. **ASÍ HABLABA ZARATUSTRA,** Friedrich Nietzsche
22. **MANIFIESTO COMUNISTA,** K. Marx y F. Engels
23. **EL PRÍNCIPE,** Nicolás Maquiavelo
24. **EL KYBALIÓN,** Tres Iniciados
25. **MÁS ALLÁ DEL BIEN Y DEL MAL,** Friedrich Nietzsche
26. **EL ANTICRISTO,** Friedrich Nietzsche
27. **APOLOGÍA DE SÓCRATES,** Platón
28. **DIÁLOGOS,** Platón
29. **METAFÍSICA,** Aristóteles
30. **RETÓRICA,** Aristóteles
31. **ÉTICA A NICÓMACO,** Aristóteles
32. **ELOGIO DE LA LOCURA,** Erasmo de Rotterdam
33. **AURORA,** Friedrich Nietzsche
34. **AZUL...,** Rubén Darío
35. **SELECCIÓN POÉTICA,** Federico García Lorca
36. **SENTIDO Y SENSIBILIDAD,** Jane Austen
37. **EL FANTASMA DE CANTERVILLE Y OTROS RELATOS,** O. Wilde
38. **EL PRÍNCIPE FELIZ Y OTROS CUENTOS,** Oscar Wilde
39. **CORAZÓN: DIARIO DE UN NIÑO,** Edmondo de Amicis
40. **ALREDEDOR DE LA LUNA,** Julio Verne

41. **LA MURALLA CHINA,** Franz Kafka
42. **AMÉRICA,** Franz Kafka
43. **EL PERRO DE LOS BASKERVILLE,** Arthur Conan Doyle
44. **EL DOCTOR JEKYLL Y MISTER HYDE,** Robert Louis Stevenson
45. **YERMA · DOÑA ROSITA LA SOLTERA,** Federico García Lorca
46. **SELECCIÓN DE CUENTOS,** Hermanos Grimm
47. **SELECCIÓN DE CUENTOS,** Christian Andersen
48. **EL MARAVILLOSO MAGO DE OZ,** Lyman Frank Baum
49. **EL CREPÚSCULO DE LOS ÍDOLOS,** Friedrich Nietzsche
50. **LA REPÚBLICA,** Platón
51. **EL CUERVO Y OTROS POEMAS,** Edgar Allan Poe
52. **LA MÁSCARA DE LA MUERTE ROJA Y OTROS RELATOS,** E. A. Poe
53. **EL CONTRATO SOCIAL,** Rousseau
54. **TRES ENSAYOS SOBRE LA TEORÍA SEXUAL,** Sigmund Freud
55. **PRINCIPIOS ELEMENTALES DE LA FILOSOFÍA,** Georges Politzer
56. **POPOL VUH & CHILAM BALAM**
57. **CANCIÓN DE NAVIDAD,** Charles Dickens
58. **EL INVITADO DE DRÁCULA Y OTRAS HISTORIAS DE TERROR,** Bram Stoker
59. **SALOMÉ & UNA MUJER SIN IMPORTANCIA,** Oscar Wilde
60. **INVESTIGACIÓN SOBRE LA NATURALEZA Y CAUSAS DE LA RIQUEZA DE LAS NACIONES,** Adam Smith
61. **EL ESCARABAJO DE ORO Y OTROS RELATOS,** Edgar Allan Poe
62. **HOJAS DE HIERBA,** Walt Whitman
63. **TAO TE KING,** Lao Tse
64. **MARTÍN FIERRO,** José Hernández
65. **MARÍA,** Jorge Isaacs
66. **EL ARTE DE AMAR · EL REMEDIO DEL AMOR,** Ovidio
67. **EL PROFETA · EL JARDÍN DEL PROFETA,** Khalil Gibrán
68. **DESOBEDIENCIA CIVIL Y OTROS TEXTOS,** Henry David Thoreau
69. **EL VALLE DEL TERROR,** Arthur Conan Doyle
70. **LA TEOGONÍA,** Hesíodo
71. **LA CASA DE BERNARDA ALBA · LA ZAPATERA PRODIGIOSA,** Federico García Lorca
72. **LAS FLORES DEL MAL,** Charles Baudelaire
73. **EL TERROR EN LA LITERATURA,** H. P. Lovecraft
74. **EL MUNDO COMO YO LO VEO,** Albert Einstein
75. **LOS MITOS DE CTHULHU,** H. P. Lovecraft
76. **UTOPÍA,** Tomás Moro
77. **EL GATO NEGRO Y OTROS RELATOS,** Edgar Allan Poe
78. **EN LAS MONTAÑAS DE LA LOCURA,** H. P. Lovecraft
79. **CUMBRES BORRASCOSAS,** Emily Brontë